Gerhard Schmid-Nurminen / Eevi Schmid-Nurminen

Der Steg

Gerhard Schmid-Nurminen
Eevi Schmid-Nurminen

Der Steg

Kindheit, Jugend und Liebe zwischen Finnland und Deutschland

Heiner Labonde Verlag

ISBN 978-3-937507-76-7

Gestaltung: Antje Zerressen, Pada ri GmbH, Essen
Titellithografie: Helmut Zirkelbach
Printed in Germany

Vorwort

Liebe Freundin, lieber Freund,

da sitzen wir beide, Eevi und ich in unserer Schreibwerkstatt und lesen einander Briefe und Postkarten aus unserer Jugendzeit vor, Eevi auf finnisch, ich auf deutsch. Wir betrachten Fotos, die fünfzig, sechzig Jahre alt sind und versuchen uns zu erinnern. Wie war das damals?

Viele Erinnerungen sind im Laufe unseres Lebens verblasst wie die alten Fotografien, und wenn wir versuchen die längst vergangenen Episoden und Erlebnisse aus der Erinnerung wieder zum Leben zu erwecken, so tauchen in unserem Gedächtnis ganz unterschiedliche inhaltliche Elemente und unterschiedliche Gefühle auf. War das damals wirklich so?

Obwohl wir im Laufe unseres langen gemeinsamen Lebens natürlich eine einheitliche Lebensform entwickelt haben, sind wir eben doch ganz unterschiedliche Menschen geblieben. Jeder hat seine eigene soziale Herkunft, seine eigene kulturelle Identität und seine eigenständige Persönlichkeit. Offensichtlich haben wir schon damals, als wir jung waren, diesselben Ereignisse und Episoden, die wir gemeinsam erlebt haben, unterschiedlich wahrgenommen. In unserem Gedächtnis sind unterschiedliche Inhalte und Bilder von Menschen und Ereignissen, unterschiedliche Stimmungen der Natur und des Lebens in der Stadt gespeichert, und wenn die Gefühle, die mit unseren Erlebnissen verbunden waren, besonders stark waren, dann blieben sie uns auch nachhaltig, aber eben unterschiedlich im Gedächtnis. Das betrifft nicht nur Glücksgefühle und das Gefühl unserer Liebe, sondern auch negative Gefühle an Erlebnisse, die mit großer Enttäuschung, Hoffnungslosigkeit oder Angst verbunden waren.

Fotos dokumentieren immer nur einen winzigen, statischen Ausschnitt aus der Realität, den Zustand an einem definierten Ort im Bruchteil einer Sekunde. Ganz anders unser Gedächtnis: Es dokumentiert offene, dynamische, beseelte Bilder von einer Fülle von Episoden und Ereignissen, die sich im Laufe unseres Lebens in unserer Erinnerung zu einer ganzen Persönlichkeit zusammengefügt haben. Dabei hat unsere Jugendzeit eine besonders wichtige Rolle gespielt, weil wir in dieser Zeit die Grundstrukturen für unseren gemeinsamen Lebensentwurf aufgebaut haben.

In den Erinnerungen, die wir in diesem Büchlein aufgeschrieben haben, finden sich daher auf jeder Seite inhaltliche Elemente, die wahrscheinlich so geschehen sind, aber auch fiktive Elemente, die damals so hätten geschehen können.

Von manchen Ereignissen sind nur noch Stimmungslagen und Emotionen in unserer Erinnerung zu finden, kaum Erinnerungen an reale Orte und Zeitumstände. Dann haben wie unsere emotionalen Erinnerungen neu mit realen Elementen eingekleidet.

Wir wollten aus unseren Erinnerungen unser Leben neu erschaffen.

Hohenstein, im Frühherbst 2018
Eevi und Gerhard

Ende des Sommers

hinunter ist der sonne schein
die sommerwolken verschwinden
im grauen himmel

das feuerkraut ist verblüht
gelbe birkenblätter fallen
in den see

kühler der abendwind
mach die fenster zu
schließ die tür

die finstre nacht bricht stark herein

Die Schwanenfeder

Wir gingen noch einmal den Feldweg entlang, vorbei an der alten Darre. Ich erinnerte mich daran, wie ich vor über fünzig Jahren das Dach mit Schindeln zugenagelt hatte, jede Reihe ordentlich auf Lücke gesetzt über der anderen. Schon lange war das Dach wieder undicht geworden, und die alte Darre war zu nichts mehr nütze. Der Boden vor dem breiten Eingangstor war dicht bewachsen mit Gras und Maiglöckchenkraut. Hier war schon seit langer Zeit kein Fuhrwerk mehr gefahren.

Zu beiden Seiten des Wegs, wo früher auf den Feldern Korn und Kartoffeln gediehen, wuchsen junge Birken und Himbeergestrüpp.

Dann gingen wir den Fußpfad durch den Wald hinunter zum See. Es war schon spät am Abend, als wir das alte Ruderboot losmachten. Im dunklen Uferschilf war es windstill. Die Sonne stand tief über dem Horizont, ihre Lichtspur glänzte über dem See in warmem Gold. Unter den gleichmäßigen Ruderschlägen zerbrach die Lichtspur in glitzernde Facetten.

Vom Sommerhaus unserer Nachbarn herüber erklang, hergeweht im kühlen Wind, die Melodie eines alten finnischen Volkslieds:

Oi, minun kultani,
oi, minun lintuni,
kun et tule jo,
kun et tule jo.

Oh, du mein Goldschatz,
Oh, du mein Vögelchen,
komm, so komm doch bald,
komm, so komm doch bald.

Plötzlich flog aus dem Uferschilf mit schweren Flügelschlägen ein Schwan auf. Der große Vogel brauchte viel Kraft, bis er die Wasserfläche verlassen konnte und die freie Luft erreicht hatte. Dabei löste sich eine Feder aus seinem Gefieder. Sie trudelte und taumelte und fiel in den See. Der Schwan flog eine große Runde über der Bucht, bis er genug Höhe erreicht hatte, um über den Wipfeln der Bäume auf der Nachtseite des Himmels zu verschwinden. Ich ruderte hinüber zu der Stelle, wo der Schwan aufgeflogen war und wir sahen die weiße Feder auf der dunklen Oberfläche des Sees leicht dahintreiben. Eevi beugte sich weit über den Rand des Boots und erfasste die Feder.

Vor uns auf dem Tisch liegt die alte Holzkiste unserer Erinnerungen mit unseren Liebesbriefen, Tagebuchnotizen, Gerhards Gedichten, alten Fotos, Kalendern längst vergangener Jahre und dem großen alten Hausschlüssel von Rauhala. Oben drauf in die Kiste legen wir diese Schwanenfeder. Sie stammt von einem prächtigen, weißen Schwan. So auch diese Erinnerungen an uns: Sie stammen aus einem reichen, erfüllten Leben.

Eevi

Eevi Kaarina Nurminen ist am 26. März 1936 in Mikkeli geboren, zwischen Wäldern und Seen und unter der Tagundnachtgleiche jenes unendlichen Himmels in Mittelfinnland. Sie wuchs in einem Waldbauernhof zusammen mit ihren Eltern und den zwei älteren und zwei jüngeren Geschwistern auf. Es gab damals auf dem Land noch keine Hausnummern, sondern jedes Haus hatte einen eigenen Namen. Der Hof der Familie Nurminen hieß »Rauhala«, auf deutsch »Ort des Friedens«.

Auch für unsere finnisch-deutsche Familie war Rauhala unsere zweite Heimat. Hier verbrachten wir viele herrliche Sommertage. Die Kinder bauten Burgen im Sand und ein Wasserrad am Ziehbrunnen. Sie saßen hoch droben auf dem voll beladenen Heuwagen, der rumpelnd und schaukelnd in den Hof fuhr. Wir sammelten Himbeeren und Erdbeeren hinter den Feldern am Waldrand. Im Geräteschuppen fanden die Kinder eine Konservenbüchse mit Wagenschmiere und bemalten sich damit von Kopf bis Fuß. Wir schwitzten in der schwarzen Rauchsauna und die Kinder duschten im warmen Regen, der im Schwall aus der Dachrinne schoss.

Rauhala

Wenn du aus der Stadt Mikkeli in nördlicher Richtung hinausfährst, dann musst du dich an ein Ortsschild Richtung Ihastjärvi halten. So hieß früher unser Dorf. Heute ist Ihastjärvi ein Stadtteil von Mikkeli. Nach wenigen Kilometern hast du den Eindruck, du fährst durch den Wald, denn du siehst nur noch vereinzelt links und rechts der Straße Wohnhäuser.

Vor siebzig Jahren, als ich ein kleines Mädchen war, sah es hier ganz anders aus. Die Landstraße war schmal und nicht geteert, sie führte über Hügel und durch Senken und in vielen Kurven an den Bauernhöfen vorbei. Und immer wieder zu beiden Seiten der Landstraße blinkten Seen. Im Sommer waren überall neben der Straße Kornfelder, Kartoffelfelder, Wiesen und Weiden. Mein Vater fuhr mit dem Pferdewagen in die Stadt, und wir kannten die Namen aller Nachbarhöfe und ihrer Bewohner. Wenn auf einem Feld oder vor einem Haus Leute bei der Arbeit waren, dann warf man hier einen Gruß hinüber und wechselte dort ein paar Worte, während Pekka, unser Pferd am Wegrand graste.

Wenn du heute mit dem Auto die Dorfstraße entlang fährst, triffst du kaum mehr einen Menschen an. Die Erwachsenen und Jugendlichen sind tagsüber in der Stadt und die Kinder in der Schule. Ihre modernen Wohnhäuser sind hinter Büschen und Bäumen verborgen. Nicht einmal am Wochenende trifft man zufällig Leute, die man kennt.

Beim Kilometer 18 war am rechten Straßenrand unser Milchhäuschen und gegenüber unser Briefkasten mit der Aufschrift »Rauhala«. Hier zweigt ein kurzer Waldweg ab, er führt hinauf zu der Anhöhe, auf der unser Bauernhof gelegen ist. Die Gebäude bilden noch heute ein großes, offenes U, das nach Süden zu offen ist. In der Mitte befindet sich das Wohnhaus. Wenn du auf den Eingangsstufen zur Veranda

Rauhala, Eevis Zuhause

stehst, dann dreh dich um und schau und in den Hof: Da ist links neben dir das Vorratshaus und weiter vorne die Sauna. Hinter der Sauna war der Ziehbrunnen. Rechts drüben, auf der Seite, wo es zur Straße hinunter geht, steht noch immer breit und mächtig die Scheune mit dem ehemaligen Stall.

Hier im Hof war unser Garten mit einigen Zimtapfelbäumen, einem großen Fliederbusch und Johannisrosen, die einen Felsen umrahmten. Hier war unser Spielplatz und im Sommer unser Festplatz, wenn ein Geburtstag oder das Mitsommerfest gefeiert wurde.

Wenn am Feiertag Verwandte und Nachbarn zu Besuch erwartet wurden, dann ging unser Vater in die Südkammer und holte die finnische Fahne aus der Schublade. Gemessenen Schrittes trug er sie über den Hof. Wenn er vor dem Fahnenmasten stand, klemmte er seine Schildmütze unter den Arm und zog langsam und feierlich die Fahne am Masten hoch. Das blaue Kreuz auf dem schneeweißen Tuch flatterte lustig im Winde.

Das Vaterland im Krieg

Wichtige Jahre unserer Kindheit verbrachten wir in Rauhala im Krieg. Zuerst kam der Winterkrieg. Er dauerte vom November 1939 bis zum März 1940. Es war ein sehr strenger Winter, mit viel Schnee und manchmal mit 30 bis 40 Grad Kälte. Unser Vater war als Soldat in Karelien, und musste an der Front gegen die sowjetische Armee kämpfen. Mein Bruder Matti war damals beinahe 8 Jahre alt, meine älteste Schwester Maikki war 6 Jahre und ich war knapp 4 Jahre alt. Anja war noch nicht ganz 2 Jahre alt, und unsere Mutter erwartete das fünfte Kind, unsere Aino, die nach dem Winterkrieg im Mai 1940 zur Welt kam.

Durch die strenge Winterkälte war unser Brunnen zugefroren. Man musste einen Topf voll Schnee auf den Ofen stellen, um ein wenig Wasser zu bekommen. Wenn man mehr Wasser brauchte, dann musste man zum See gehen, auf einem Pfad ungefähr 300 Meter durch den tief verschneiten Winterwald. Der See war mit einer dicken Eisdecke bedeckt. Die älteren Männer des Dorfes, die nicht zum Kriegsdienst eingezogen worden waren, hatten ein Loch durch die Eisdecke geschlagen. Dort konnten wir Wasser holen zum Wäschewaschen und für die Sauna.

Immer samstags durften wir in der Sauna baden. Jedes Kind bekam die Haare gewaschen und wurde auch sonst überall sauber geschrubbt. Danach gab's saubere Wäsche.

An den Ecken der Scheune und des Stalls oder im Windschatten der Bäume gab es hohe Schneeverwehungen. Dann kam die Kälte dazu, und der Schnee fror fest zusammen, so dass man ihn schneiden oder sägen konnte wie Styropor. Matti schnitt Bausteine aus Schnee zurecht, und wir bauten uns ein Schneehaus. Aus dem harschen Schnee schnitten wir Hocker und einen Tisch. Mutter gab uns eine Tischdecke. Dann formten wir mit dem Messer Teller, Tassen und Schüsseln. Der Winter war herrlich, und wir Kinder waren eigentlich glücklich miteinander und fühlten uns verborgen.

Als der Winterkrieg zu Ende war, kehrte unser Vater unversehrt nach Hause zurück. Das Frühjahr begann, und Vater bestellte wieder die Felder. Aber der Frieden dauerte nicht lange. Im Sommer des folgenden Jahres fing wieder der Krieg an. Das war der Fortsetzungskrieg, und der dauerte über drei Jahre lang.

Der Krieg war für uns weit weg, so weit wie der Vater. Das konnten wir uns damals gar nicht vorstellen, was der Krieg bedeutet. Unsere Mutter und die Nachbarn sagten, dass unser Vater zusammen mit den anderen Männern unser Vaterland verteidigen muss. Unser Vaterland, das war unser Bauernhof mit dem Wald und dem See, dazu die Landstraße mit den Nachbarhöfen und mit unserer Schule.

Am Anfang, als wir Kinder noch sehr klein waren, wohnten wir in einem Blockhaus, das nur eine Stube hatte. In dieser Stube hatte jeder sein Bett, die Eltern und die Kinder. In der Ecke war ein großer Ofen, der aus Backsteinen gebaut war. Er diente nicht nur zum Heizen der Stube, sondern darin wurde auch Brot gebacken, und daneben war die eiserne Herdplatte zum Kochen. In dieser Stube spielte sich unser Leben ab, vor allem im langen Winter. Hier spielten und bastelten wir, hier aßen und schliefen wir, und die Mutter war immer in unserer Nähe.

Im Sommer vor Beginn des Kriegs hatten meine Eltern angefangen, das Haus zu vergrößern. Der Erweiterungsbau sollte eine Küche, zwei Schlafkammern, einen Vorraum und auf der Südseite eine verglaste Veranda bekommen. Als unser Vater zum Kriegsdienst einrücken musste, war das neue Haus eine einzige Baustelle. Die Holzwände standen schon, aber die Decke und der ganze Dachstuhl fehlten noch.

Unsere Familie im Jahr 1943. Das Kind ganz rechts, das bin ich. Vater war im Krieg.

Und nun begann der Winter. Zum Glück halfen uns die alten Männer des Dorfes, die noch zuhause waren. Sie konnten alle gut mit Zimmermannsarbeiten umgehen. Sie bauten gemeinsam die Decke und das Dach fertig, damit wir vor Schnee und Kälte geschützt waren. Aber die anderen Räume waren noch nicht bewohnbar. Es fehlten die Fenster und Türen, es fehlten die Öfen in den neuen Kammern und der Herd in der Küche. So wohnten wir weiterhin in der alten, großen Stube. Wir hatten nicht viel Platz, aber damals waren wir alle zusammen glückliche Kinder.

Hunger mussten wir nicht leiden. Im Frühjahr kamen die älteren Männer unseres Dorfes und bestellten die Felder. Sie setzten Kartoffeln und säten Getreide. Die Gemüsebeete haben wir Kinder mit unserer Mutter zusammen gemacht. Matti, Maikki und auch ich, wir bekamen jeder ein eigenes Beet, das wir im Sommer pflegen durften. Wir freuten uns, wenn wir im August Gelbe Rüben, Erbsen und kleine Bodenrübchen ernten konnten.

Manches Mal standen wir in der Dunkelheit mit unserer Mutter auf der Treppe und blickten gebannt nach Süden. Dort, in einer Entfernung von fast zwanzig Kilometern, sah man einen hellen Feuerschein. Dann sagte unsere Mutter: Jetzt sind in der Stadt wieder Bomben gefallen. Für uns war es wie ein Feuerwerk. Aber wir wussten eigentlich auch nicht so recht, was ein Feuerwerk ist.

So war es bei uns in den Zeiten des Krieges.

Ich war schon neun Jahre alt, als der Krieg endlich aufhörte. Als der Vater wieder nach Hause kam, war er uns fremd geworden. Er machte die Feldarbeit, er sägte und spaltete Holz. Am liebsten aber ging er alleine durch den Wald.

Die Weihnachtswichtel

Wir haben sie gesehen, wir haben sie wirklich gesehen, ihre kleinen Fußspuren im Schnee!

Es war in der Adventszeit. In der Nacht hatte es geschneit, und die Scheune, das Vorratshaus und die Sauna hatten eine dicke Kappe aus Schnee aufgesetzt bekommen. Auch der Hof war mit einer wunderbaren weißen Decke überzogen. Als ich barfuß und noch im Schlafanzug von der Veranda am Hauseingang zum Hof hinausblickte, habe ich sie gleich gesehen. Sofort weckte ich meine Geschwister: »Auf, ihr Langschläfer, kommt schnell! Heute Nacht waren die Wichtel da, im Hof sieht man ihre Spuren!«

Wir schauten alle hinaus in den Hof. Vor dem Vorratshaus sah man ihre Spuren, dann waren sie zu unserem Wohnhaus getrippelt, und von hier aus führten ihre Trippeltrappelspuren hinüber zum Stall. Unsere Mutter kam dazu und wunderte sich: »Was macht ihr denn alle barfuß und im Schlafanzug hier draußen im Hauseingang? Ihr erkältet euch noch!«

Wir zeigten auch Mutter die Wichtelspuren hier vor dem Haus und da und dort drüben. Rasch zogen wir warme Kleider und unsere Filzstiefel an. Dann bahnten wir einen Weg hinüber zum Vorratshaus und zum Stall. Als wir uns dann im Vorratshaus umschauten, merkten wir, dass im Mehlkasten eine Tüte Mehl fehlte. Unsere Mutter sagte: »Ich habe mich schon gewundert. Ein Stück Butter und Eier sind auch verschwunden, und die Zuckerdose ist fast leer!« Es war klar: Die Wichtel waren in der Nacht im Haus gewesen und hatten gebacken. Der Geruch von frischem Gebäck lag noch in der Luft, und ich konnte mich erinnern, dass ich im Schlaf das Klappern von Schüsseln und das rhythmische Klopfen eines Rührlöffels gehört hatte.

Und dann waren sie noch im Stall gewesen und hatten nach unseren Tieren geschaut. Den Kühen hatten sie frisches Heu gebracht und den Hühnern Körner. Pekka, unser Pferd, hatten sie gestriegelt. Die kleine Leiter, mit der sie am Pferd hochgeklettert waren, lehnte noch an der Wand und der Striegel lag auf dem Boden.

Zum Dank richteten wir am Abend den Wichteln in der Veranda ein leckeres Essen: ein kleines Schüsselchen mit Reisbrei und eines mit Früchtekompott, dazu ein kleines Kännchen mit frischer Sahne. Wir holten ein Handtuch von der Küche und legten es auf den kleinen Schemel, der immer neben den Schuhen stand. Der Schemel war jetzt das Wichteltischchen. Darauf legten wir alle Speisen und noch sieben kleine Löffelchen daneben.

Ich fragte Matti, meinen großen Bruder: »Matti, am liebsten möchte ich mal den Brei und das Kompott probieren. Darf ich?«

Aber Matti meinte: »Lieber nicht. Diese Sachen sind nur für die Wichtel. Wir wollen sie doch nicht verärgern. Sonst kommen sie nicht mehr zu uns!«

Damit musste ich mich zufrieden geben. Es war ja bald Weihnachten, und dann bekamen wir sicher alle Reisbrei und Kompott. Als ich früh am anderen Morgen wieder als erste aufstand und rausschaute in die Veranda, war alles leergegessen. Die Schüsselchen waren noch da, die Löffelchen lagen zerstreut auf dem Boden, und das Sahnekännchen lag umgekippt daneben.

An Weihnachten bekamen wir die Pfefferkuchen, welche die Wichtel für uns gebacken hatten. Unsere Mutter hatte sie gefunden und für uns aufgehoben.

Immer wieder sahen wir ihre Trippeltrappelspuren im Schnee. Die Wichtel begleiteten uns Kinder durch den ganzen langen, dunklen Winter hindurch. Aber das ist schon lange her. In unserem Bauernhof im finnischen Wald wohnt schon seit vielen Jahren niemand mehr, und ich weiß nicht, wohin die Wichtel gezogen sind. Aber Pfefferkuchen zu Weihnachten esse ich noch immer für mein Leben gern.

Gerhard

Gerhard Friedrich Schmid ist am 28. September 1940 in Stuttgart geboren. Es war die Zeit der herbstlichen Tagundnachtgleiche, ruhig lag der Spätsommer über der Stadt, und auf dem Cannstatter Wasen hatte gerade das Volksfest begonnen. Hier hatte es noch den Anschein, als drehe das Riesenrad sich friedlich und die Schaukeln flögen unbeschwert in den Himmel.

Aber der Zweite Weltkrieg dauerte bereits ein Jahr, und Gerhards Vater war als Soldat zum Kriegsdienst eingezogen. Statt des neugeborenen Söhnchens hatte er ein Gewehr auf dem Arm. Auch in den folgenden Jahren hat der Vater sein Kind nur wenige Male auf dem Arm gehalten, wenn er auf Fronturlaub ein paar Tage zuhause war. Seine Mutter hatte im Jahr 1943 noch ein zweites Bübchen zur Welt gebracht. Das Kind ist aber unter den Einwirkungen der Bombenangriffe auf Stuttgart im Alter von sieben Monaten gestorben. Gerhards Vater musste als Soldat am Krieg gegen die Sowjetunion teilnehmen und ist am 28. März 1944 im Süden der Sowjetunion, in der heutigen Ukraine gefallen.

Die Mutter war dreißig Jahre alt, als der Krieg ihre junge Familie zerstört hatte.

Mein Rucksack

Da sitzt mein Vater auf der Staumauer an der Schwarzenbachtalsperre und schnürt seinen Wanderschuh. Neben ihm liegt sein Rucksack. Meine Mutter erzählte mir, das Foto sei zu Beginn der Dreißigerjahre gemacht worden, als er mit einer Wandergruppe im Schwarzwald unterwegs war.

Ich habe keine persönlichen Erinnerungen an meinen Vater, aber dieses Foto ist mir geblieben. Und sein Rucksack. Nachdem er im Krieg gefallen war, hat diesen Rucksack niemand mehr benutzt, aber er hängt immer noch in meinem Kleiderschrank. Ein ganzes Leben lang hängt er nun schon in meinem Kleiderschrank. Der Rucksack meines Vaters. Der Rucksack meines Lebens.

Die Nazi-Zeit, der Zweite Weltkrieg und die schwere Zeit nach dem Ende des Kriegs, diese Ereignisse sind in meiner Familiengeschichte eine Last, die ich als Kind und Jugendlicher ungewollt und ungefragt in diesen Rucksack meines Lebens eingepackt bekam. Diese Last war jahrzehntelang gut verschnürt. Man wollte auch in unserer Familie nach dem Zusammenbruch des Nazi-Regimes und dem Ende des Kriegs eigentlich nie mehr darüber sprechen. Aber wenn dann doch einmal etwas zur Sprache kam, dann gab es in der Familie unversöhnliche Gegensätze.

Meine Eltern stammten aus Stuttgarter Arbeiterfamilien und waren in den Kreisen der Kommunisten zuhause. Politische Verfolgung während der Nazi-Zeit, Verhaftungen und Aufenthalte in Konzentrationslagern haben daran nichts verändert, sie blieben Kommunisten.

Onkel Günther und Onkel Hermann wollten etwas Besseres sein, sie waren überzeugte Nazis. Die Verfolgung und Ermordung der Juden, der verlorene Weltkrieg und die Zerstörung Deutschlands haben daran nichts verändert, sie blieben insgeheim Nazis.

Meine Tanten und meine Großmutter wollten gar nicht politisch sein, sie waren Hausfrauen und hatten genug damit zu tun, das zusammenzuhalten, was der Krieg vom Hab und Gut und von der Familie noch übrig gelassen hatte.

Die Einmachgläser

Schon hundert Mal habe ich mir eingeredet, dass seit mehr als siebzig Jahren keine Bomben mehr fallen und dass wir ja im Frieden leben, dass dieses Sirenengeheul ja nur ein Probealarm ist, zur Kontrolle, ob die Technik noch richtig funktioniert. Aber wenn in der Sirene auf dem Rathausdach der Alarm losgeht, dann stehe ich doch wieder als kleiner, vierjähriger Junge im nachtdunklen Treppenhaus, unfähig zu schreien, unfähig mich zu bewegen, gebannt in Todesangst, und ich starre in die Dunkelheit, die von den Suchscheinwerfern der Flak-Abwehrstellungen zerfurcht und vom Blitzlichtgewitter der explodierenden Bomben grell erleuchtet ist.

Gleich nachdem wir aufgewacht und notdürftig angekleidet waren, stellte mich meine Mutter auf den Treppenabsatz vor unserer Wohnungstür. Hier musste ich warten, bis die Müllers, die ein Stockwerk über uns wohnten, mich mitnahmen hinunter in den Keller, während meine Mutter und meine Großmutter das Notgepäck und ihre Handtaschen zusammensuchten und dann nachfolgten.

Der Luftschutzkeller war ganz tief unter der Erde. Er war dort eingerichtet worden, wo sich eine dicke Blechtüre befand, die mit zwei großen Riegeln verschlossen war. Meine Mutter hatte mir einmal gesagt, diese Türe führe hinüber in den Keller des Nachbarhauses der Familie Rühle, und wenn unser Haus zerbombt und wir verschüttet wären, dann könnten wir durch diese Tür hinüber zu Rühles. Sie blieb aber immer verschlossen. An der Wand gegenüber der Blechtüre hatte man ein paar Bretter über leere Obstkisten gelegt, dort saßen wir dicht nebeneinander. Der Keller war kalt und feucht, es roch muffig.

Wir warteten auf das Ende. Ich legte meinen Kopf in Großmutters Schoß und schluchzte vor Angst. Sie zog ihren Handschuh aus und strich mir sanft über das Haar. »Brauchst keine Angst haben«, sagte sie, »es ist bald vorbei.«

In einem Regal an der Stirnseite des Luftschutzkellers stand hoch droben eine weiße Kerze, die den Raum notdürftig beleuchtete. In dem Regal standen unsere Einmachgläser. Sie waren für mich genauso hoch droben und unerreichbar wie die Kerze. Aber wenn irgendwo in der Nachbarschaft eine Bombe explodierte, dann bebte der Keller, die Kerze flackerte und die Einmachgläser in Regal klirrten. Im Herbst, wenn die Gläser mit eingelegten Kirschen und Birnen, Pfirsichen und Zwetschgen gefüllt waren, klang das Klirren der Gläser dumpf und zuversichtlich. Wir waren für die bevorstehenden Zeiten gerüstet.

In dem Maße, wie der Krieg Fortschritte machte, wurden immer mehr Einmachgläser leer, und das Klirren der leeren Gläser beim Beben des Luftschutzkellers wurde heller und bedrohlicher.

Eines Tages wurde im Radio verkündet, der Krieg sei zu Ende. Wir mussten nicht mehr nachts im Keller sitzen. Die Einmachgläser waren alle leer, und die Not war groß. Wir hatten Hunger.

Manches Mal nachts, wenn ich nicht schlafen kann, höre ich, wie die Einmachgläser klirren.

Die Venus von Arles

»Aber Weihnachten feiern wir trotzdem«, sagte meine Mutter, setzte mir die wollene Strickmütze auf, zog mir das Mäntelchen an und nahm mich an der Hand.

Wir gingen zum Kohlen-Klumpp am Volkshaus, wo der alte Klumpp Weihnachtsbäume verkaufte. Ich war damals erst fünf Jahre alt, aber ich verstand schon, warum meine Mutter »trotzdem« gesagt hatte. Der Krieg war zu Ende, meine Großmutter, meine Mutter und ich waren übrig geblieben, wir hatten wenig zu essen und der Ofen in unserem Wohnzimmer war meistens kalt, weil wir keine Kohlen hatten.

Wir kauften ein kleines Bäumchen, das auf der Veranda in die kühle Ecke gestellt wurde. Dort musste es bis zum Heiligen Abend noch ein paar Tage warten.

An Heiligabend holten wir unser Bäumchen ins Wohnzimmer rein. Auf die Anrichte wurde ein Wachstuch gelegt und darauf in der Mitte der Christbaumständer. Hier bekam nun unser Bäumchen seinen Ehrenplatz. Meine Mutter stellte mir einen Stuhl neben die Anrichte. Ich durfte hinauf steigen und helfen, den Christbaum zu schmücken. Zuerst wurden die weißen Wachskerzen auf die Kerzenhalter gesteckt und in den Zweigen festgeklemmt. Dabei musste man darauf achten, dass über der Kerze keine anderen Zweige waren, sonst hätte es sein können, dass das Bäumchen Feuer fing. Dann hängten wir rote und goldgelbe Glaskugeln in die Zweige, ich immer in den unteren Zweigen, die ich gut erreichen konnte, meine Mutter im oberen Bereich des Bäumchens. Zum Schluss wurde Lametta über die Zweige gehängt. Wenn man ein bisschen pustete, dann flatterten die silbern glänzenden Lamettahaare lustig am Baum.

Während wir das Bäumchen schmückten, richtete meine Großmutter das Festessen her. Es gab für jeden eine rote Wurst und Kartoffelsalat. Das schmeckte herrlich.

Danach machten wir einen großen Spaziergang durch die Stadt. Am Eugensplatz blieben wir ein Weilchen stehen. Vom Rand des kleinen Parks hat man einen weiten Blick über die Innenstadt. Im grauen Licht des Nachmittags lagen die Ruinen so friedlich da. Es war ein befreiendes Gefühl, hinauszuschauen über die Stadt und keine Angst mehr haben zu müssen, dass jeden Augenblick die Sirenen losheulen könnten. Denn es gab keinen Bombenalarm mehr. Über die ausgetretenen Stufen gingen wir hinunter zum Staatstheater und dann durch die Parkanlagen zur Ruine des Neuen Schlosses.

Hinter dem leeren Theatersee standen sechs Figuren aus weißem Marmor. Sie standen auf weißen Steinwürfeln, waren riesengroß und ich hatte großen Respekt vor ihnen, weil sie immer so unbeweglich da standen und irgendwohin in die Ferne blickten. Eine von ihnen hatte es mir besonders angetan, es war eine wunderschöne Frauengestalt. Sie hatte so schöne runde Brüste, einen runden Bauch, und sie hatte nur ein zartes, langes Tuch um die Hüfte geschlungen. Ich war wohl schon ein ganzes Weilchen bewundernd vor ihr gestanden und hatte an ihr hinauf geblickt. Es war die einzige Frau, die ich bisher nackt gesehen hatte.

Meine Mutter sagte: »Das ist die Venus von Arles.« Ihre beiden Arme waren in den Ellbogen abgeschlagen. Auch ihr Hals zeigte Risse.

»Mutter«, fragte ich, »warum hat die Venus keine Arme?«

»Das kommt vom Krieg. Sie hat im Krieg beide Arme verloren. So eine Figur nennt man Torso«, erklärte mir meine Mutter.

Weil heute der Heilige Abend war, gönnten wir uns eine Fahrt mit der Straßenbahn, um wieder nach Hause zu kommen. Wir stiegen oben am Friedhof aus und gingen auf dem Heimweg noch an unserem Grab vorbei. An dem alten Grabstein lehnte eine kleine, neue Tafel. Sie trug zwei Namen:

Hans Walter Schmid geb. 1909 – gef. 1944
Karl Walter Schmid geb. 1943 – gest. 1943

Die Tafel auf unserem Familiengrab war auch aus weißem Marmor, wie die Venus von Arles. Eigentlich war nicht nur die Venus von Arles ein Torso. Auch unsere Familie war ein Torso, die ganze Stadt war ein Torso und einfach alles in unserem Leben.

Als wir an der Kirche vorbei kamen, leuchteten in der Abenddämmerung die Kirchenfenster. Der Gesang der Gemeinde drang nach draußen:

»Vom Himmel hoch, da komm ich her …«

Da sagte meine Mutter: »Ja, ja«, und sie seufzte, »vom Himmel hoch sind vor einem Jahr noch die Bomben gefallen und die frommen Leute haben hier in der Kirche für den Endsieg gebetet. Jetzt singen sie wieder, dass das Christkind kommen soll.«

»Aber Emma«, sagte meine Großmutter beschwichtigend, »reg dich nicht auf! Wir müssen ja Gott sei Dank nicht drin sitzen bei diesen Leuten!«

Dann gingen wir nach Hause und zündeten die Kerzen an unserem Bäumchen an. Wir hatten ein Grammophon und eine Schallplatte mit Weihnachtsmusik. Und nun hörten wir in unserem Wohnzimmer einen Engelschor singen:

»Leise rieselt der Schnee,
still und starr liegt der See.
Weihnachtlich glänzet der Wald,
freue dich, 's Christkind kommt bald.«

Das Christkind ist aber nicht zu uns gekommen. Darüber war ich eigentlich ganz froh.

Wasser holen

Unser Vater war immer noch im Krieg. In den Tagen und Nächten nach Weihnachten hatte es viel geschneit, und im Januar und Februar war es sehr kalt. Am Großvater-Felsen hinunter zum See hatten wir eine Bahn zum Schifahren und Schlittenfahren angelegt. Oben im Wald nahmen wir Anlauf, vorbei am Großvater-Felsen kamen wir dann richtig in Schwung, und unten auf dem zugefrorenen See hatten wir einen herrlichen Auslauf. Um die Mittagszeit, wenn die Sonne für kurze Zeit über dem Wald herausblickte, standen wir zwischen den Schilfhalmen am Ufer wie am Rand einer riesigen, weißen Schale, die dick mit Puderzucker bestreut war.

Auf unserem Hof war durch die Kälte das Wasser im Schöpfbrunnen versiegt. Beim Mittagessen sagte unsere Mutter: »Kinder, wir haben kein Wasser mehr!«

Matti bot seine Hilfe an: »Mutter, soll ich mit dem Schlitten an der Waldquelle Wasser holen?«

Unsere Mutter freute sich über Mattis Hilfsbereitschaft und sagte: »Ja, aber mach den Zuber nur halb voll, damit er nicht zu schwer wird, wenn du den Schlitten durch den Wald ziehen musst!«

Maikki, unsere älteste Schwester sagte: »Na, Matti, da nimmst du uns doch auch mit. Wir helfen dir dann beim Schieben.« Es war wirklich nett von Maikki, dass sie sich dieses Mal auch für uns, die beiden kleineren Mädchen, einsetzte.

Anja und ich kamen natürlich gerne mit. Nur Aino, unsere jüngste Schwester konnten wir nicht mitnehmen. Sie konnte zwar schon laufen, aber im Wald lag an manchen Stellen so viel Schnee, dass nur noch ihr Köpfchen mit der roten Mütze zu sehen war. Sie konnte uns doch nicht helfen und blieb am liebsten zuhause bei unserer Mutter.

Der kleine Transportschlitten war gebaut wie ein ganz niedriger Tisch mit kurzen Beinen, die an den beiden Kufen festgemacht waren.

Vorne am Querbalken war ein Seil zum Ziehen festgezurrt, und hinten hatte der Schlitten eine Stütze wie ein Geländer, an dem man sich festhalten konnte. Als wir mit vereinten Kräften den Wasserzuber an den beiden Griffen aus der Sauna schleppten und auf den Schlitten hoben, hatte Matti eine tolle Idee: »Wisst ihr was, wir spannen Pekka vor den Schlitten. Dann müssen wir nicht so schleppen.«

Pekka war unser Pferd, und Pekka war stark, viel stärker als wir alle zusammen. Matti holte das Pferd aus dem Stall und band es mit den beiden Riemen am Schlitten fest. Anja und ich, wir kletterten über den Rand des Zubers ins Innere hinein. Wenn wir uns am Rand festhielten, konnten wir gerade noch herausgucken. Matti warf uns noch ein großes Rupfentuch und ein Seil zu. Das nahmen wir im Zuber mit. Maikki stellte sich hinten auf den Schlitten und hielt sich am Geländer fest. Matti führte das Pferd mit den Zügeln.

Und los ging die Fahrt, unseren Weg vom Hof hinunter und in einer scharfen Kurve auf die Landstraße hinaus. Matti lief neben dem Pferd her, der Wasserzuber, in dem wir standen, rumpelte gewaltig, und wir quietschten vor Vergnügen. Dann verlangsamte sich die Fahrt, und unser Pekka zog in gemächlichem Schritt den Schlitten mit uns Kindern die Landstraße entlang. Dann lenkte Matti das Pferd in den Wald hinein. Wir mussten aus dem Wasserzuber herauskrabbeln und hinter dem Schlitten durch den tiefen Schnee stapfen.

Der Holzdeckel des Wasserlochs war dick mit Schnee bedeckt. Matti wischte mit einem Fichtenzweig den lockeren Schnee herunter und legte den Deckel frei. Gemeinsam hoben wir den vereisten Deckel an und schoben ihn zur Seite. Nun konnten wir in das schwarze Wasserloch hinunter schauen. Da blickten uns unsere Gesichter mit den Wollmützen an. Wir schrien: »Huhuu!« Es hallte im Brunnenloch, und unsere Gesichter verwackelten auf der schwarzen Wasserfläche.

Matti fasste den Wasserschöpfer an dem langen Stiel, der an einem Zweig aufgehängt war, drehte ihn um und fing an Wasser zu schöpfen.

Dabei meinte er: »Wir können den Zuber ja doch voll machen. Unser Pekka zieht alles.« Als der Zuber fast voll war, zogen wir Mädchen das Rupfentuch über den Rand, und Matti band es mit dem Seil fest. So konnte nicht allzu viel Wasser über den Rand des Zubers schwappen.

Der Rückweg durch den Wald wieder hinauf zur Landstraße war mühsam. Unser Pekka stapfte durch den tiefen Schnee, und wir hielten uns am Geländer des Schlittens fest. Immer wieder mussten wir abspringen und den Schlitten stützen. Der Zuber ruckelte hin und her, das Wasser schwappte trotz des Tuchs nach allen Seiten über und fror am Schlitten fest. Als wir die Landstraße wieder erreicht hatten, riefen wir Matti zu: »He, halt an! Mach mal Pause!«

Wir verschnauften ein wenig und klopften uns gegenseitig den Schnee und die Eisperlen vom Anorak und von der Hose ab. Dann klatschten wir mit den Handschuhen gegeneinander und stellten uns wieder auf den hinteren Schlittenrand. Wir hielten uns am Geländer fest, und mit Juhuu! ging die Fahrt weiter auf der Landstraße. Matti lief neben dem Schlitten her und führte das Pferd an den Zügeln. Unser Pekka trabte gleichmäßig voran. Der Schnee knirschte unter den Kufen des Schlittens.

Da kam auch schon am Straßenrand unser Milchhäuschen in Sicht, wo der Weg zu unserem Hof hinauf abzweigte. »Achtung«, rief Matti, »wir nehmen Anlauf!« Unser Pferd trabte flott voran, das Wasser im Zuber schwappte wieder über, und mit Schwung ging's in die Kurve hinein. Die Kurve aber war von früheren Schlittenfahrten schon ausgefahren, das Pferd geriet an den Rand des Straßengrabens, glitt aus und fiel in den Schnee. Der Schlitten kippte um, und wir fielen in den Graben.

Matti rappelte sich als erster wieder auf, er hielt noch die Zügel in der Hand. Unser Pekka zappelte mit den Beinen, um sich zu drehen, dann rappelte er sich auch wieder auf. Er stand mit den Hinterbeinen noch im Graben und schüttelte sich. Wir standen auch wieder auf, suchten unsere Mützen, schüttelten den Schnee ab und schauten uns verdutzt an. Keiner von uns wagte zu weinen, obwohl wir völlig durcheinander waren. Der Schlitten und der Wasserzuber lagen im Graben. Der Zuber war leer. Wir zogen den Schlitten aus dem Graben und wuchteten den Zuber wieder auf die vereiste Transportfläche.

Mutlos, enttäuscht und frierend kamen wir wieder zuhause an.

Der alte Transportschlitten liegt noch immer im Stall in der Ecke. Die Kufen sind durchgebrochen. Auf der Ladefläche liegt ein Stapel alter Zeitungen, ein Karton mit leeren Bierflaschen, ein Beutel Plastikmüll und ein Kranz rostiger Stacheldraht, den man früher zum Einzäunen der Weide benutzt hat.

Wenn ich die Augen schließe und tief durchatme, dann rieche ich wieder den Pferdegeruch unseres Pekka und ich höre sein sanftes Schnauben.

Haferbrei mit Preiselbeerkompott

Der Weg zur Schule führte auf der Landstraße nach Norden, an den Nachbarhöfen vorbei, an Feldern und Wiesen entlang und durch den Wald. Ich habe immer die anderen Dorfkinder beneidet, wenn sie auf dem Weg in die Schule an unserem Haus in Rauhala vorbeiliefen. Meine älteren Geschwister Matti und Maikki waren auch schon in der Schule, Matti in der 5. Klasse und Maikki in der 4. Klasse.

Abends, wenn es schon dunkel wurde, zündeten wir in der Wohnstube die Öllampe, die von der Decke hing, an. Das Licht über dem langen Tisch war nur schwach, aber sehr gemütlich. Wenn dann Matti und Maikki am Tisch saßen und ihre Hausaufgaben machten, durfte ich oft dazu sitzen. So kannte ich schon vieles, was man in der Schule lernte, im Voraus. Ich konnte schon lesen und auch manche Wörter schreiben. Ich habe auch sehr gerne gezeichnet und gemalt.

Nachdem ich sieben Jahre alt geworden war, durfte ich auch in die Schule. Ich freute mich schon riesig auf den ersten Schultag. Meine Mutter ist mit mir gegangen, Vater war ja immer noch im Krieg.

Unsere Dorfschule hatte zwei Klassen für die Unterstufe und die Oberstufe. Für mich waren die Räumlichkeiten ja bekannt, weil ich schon früher öfters in der Schule war, wenn meine älteren Geschwister eine Schulfeier hatten. Wir Schulanfänger vom Dorf waren drei Mädchen, Liisa von der anderen Seite des Sees, Siiri und ich, dazu noch drei Jungs, Aulis vom Nachbarhaus, Pena und Mare. Wir sammelten uns in dem Klassenzimmer der Unterstufe, wo schon die Kinder der zweiten und dritten Klasse auf uns warteten. Die Lehrerin Taimi Toivonen saß vorne am Lehrertisch und begrüßte uns freundlich. Die Schulkinder sangen zu unserer Begrüßung ein Lied und haben ein kleines Spiel vorgeführt. Dann hat die Lehrerin jedes neue Schulkind zu seinem Tisch gebracht. Die Tischplatte konnte man hochklappen, und darunter war eine Schublade, wo man seine Sachen aufbewahren konnte. Vorne am Tisch war eine Mulde für die Schreibstifte und rechts daneben ein Loch fürs Tintenfass. Wir bekamen unsere ABC-Bücher sowie Schreibhefte und Schreibstifte überreicht.

Ich war eine aufmerksame Schülerin und konnte alles. Nur, worüber die Lehrerin klagte, sogar bei meiner Mutter, ich habe alles gewusst und habe es laut gesagt, bevor die anderen Schüler zu Wort kamen. Man musste sich immer mit Handzeichen melden, dann warten, bis man aufgerufen wurde, dann aufstehen und antworten. Aber dazu hatte ich keine Geduld.

Um die Mittagszeit gab es in der Schule immer ein warmes Essen. Im Spätherbst musste jede Familie Kartoffeln für die Schulküche bringen. Wer noch andere Gemüsesorten hatte, zum Beispiel Kohl, Gelbe Rüben, Rote Bete und Bodenrüben, konnte etwas davon für die Schule spenden. Auch wir Schulkinder mussten mithelfen. Wenn es einen schönen Herbsttag im September gab, nahm die Lehrerin uns alle mit in den nahe gelegenen Preiselbeerwald. Jedes Kind hatte ein Körbchen dabei und sollte es voll mit Preiselbeeren sammeln. Die Beeren brachten wir in die Schulküche. Aili, unsere Köchin hat sie für den Winter eingemacht. Dann gab es in der kalten Jahreszeit einen leckeren Haferbrei mit Preiselbeerkompott.

Nun gehörte ich also zu den Großen, ich durfte zusammen mit meinen großen Geschwistern Matti und Maikki in die Schule laufen, morgens drei Kilometer hin und nachmittags drei Kilometer zurück, bei Sonnenschein, Regen oder Schneetreiben im Winter. Die großen Schulkinder imponierten mir immer noch. Im Frühjahr, wenn der Schnee schmolz, gab es auf der Landstraße große Pfützen von eiskaltem Schneewasser, und die Jungs wetteiferten, wer als erster barfuß durch die Pfützen lief.

Kakao

Von unserem Wohnzimmerfenster aus konnte ich die Klingenstraße hinauf bis zur Schule blicken und ich sah die Straßenbahn, die quietschend durch die Spitzkehre ums Schulhaus herumfuhr und in die Haltestelle am Volkshaus einlief. Wie eine Verkehrsinsel lag die Schule in der Spitzkehre. Man musste die Straße mit den Bahngeleisen überqueren, um zur Schule zu kommen. Da war immer viel Verkehr, und wenn ich morgens in die Schule gehen musste, ermahnte mich meine Großmutter jeden Tag aufs Neue: »Büble, pass auf, wenn du über die Straße gehst!«

Am liebsten wäre ich gar nicht in die Schule gegangen. 42 Kinder in der Klasse, und ich irgendwo dazwischen wie ein verlorenes Ei im Hühnerstall, das jederzeit Gefahr lief zertreten zu werden. Die Lehrerin, Frau Bergmann im weißen Kittel mit dem versteckten Bambusstöckchen unter dem Revers. Die schwarzgraue Schiefertafel, der abgebrochene Griffel, der nasse, stinkende Schwamm.

»Jetzt weiß ich, wie es in der Schule zugeht. Du kannst mich wieder abmelden!« sagte ich zu meiner Mutter. Aber sie war unerbittlich.

In der großen Pause am Vormittag gab es die Hoover-Speisung. Ein amerikanischer Armeelastwagen fuhr an der Schule vor, zwei Soldaten luden einen großen blauen Kessel ab und schleppten ihn auf einen Hocker, der neben dem Eingang zur Schule bereit stand. Wir mussten in einer langen Reihe antreten, jeder mit einer Tasse aus Weißblech in der Hand, und jeder bekam einen Schöpflöffel voll Kakao. Ich verbrannte mir die Zunge und der Kakao schmeckte scheußlich.

Buntstifte

Zu Weihnachten bekam ich von meiner Mutter Buntstifte und ein Malheft geschenkt. Ich ging damals schon im zweiten Jahr in die Grundschule und konnte meinen Namen schreiben.

Es war ein heller Weihnachtsmorgen und ich saß alleine in unserem Wohnzimmer am Esstisch. Der Ofen war geheizt und auf der Ofenplatte summte leise der Wassertopf. Die Frauen waren alle mit irgendwelchen Arbeiten beschäftigt, und Onkel Günther bereitete in der Küche das Festessen vor.

Ich schrieb voller Stolz meinen Namen auf den Umschlag des neuen Malhefts. Dann schlug ich die erste Seite auf. Vor mir lag ein Blatt leuchtend weißen Papiers. Was sollte daraus werden?

Eine Schlittenbahn, die ganze Fläche des Papiers eine herrliche Schlittenbahn an einem riesigen Abhang. Oben, knapp unter dem Papierrand entstand eine blaue Linie, das war der Horizont. Dort oben sollten kleine Bäumchen stehen wie an einem Waldrand. Ich malte mit dem braunen Stift die Baumstämme und mit dem grünen Stift die Kronen.

Aber kaum war das erste Bäumchen entstanden, stand plötzlich Onkel Günther mit dem hölzernen Rührlöffel neben mir. Er sagte zu mir in barschem Ton:

»Jetzt musst du endlich lernen mit der rechten Hand zu malen und zu schreiben! Nimm - den - Mal - stift - von - der - lin - ken - Hand,« dabei klopfte er mir mit dem Rührlöffel bei jeder Silbe, die er sprach, auf die Handknöchel der linken Hand, »in - die - rech - te - Hand!« und dabei klopfte er mir auf die Knöchel der rechten Hand. Dann ging er wieder in die Küche.

Der braune Malstift lag mir wie ein brennendes Streichholz in der rechten Hand. Aber ich getraute mir nicht ihn wegzulegen. Ich versuchte einen Baum zu malen, aber der Baum sah aus, als wäre er im Sturm ganz krumm geworden und seine Äste lägen zerstreut umher.

Jetzt wollte ich den Schlitten malen, auf dem ich saß und den Hang hinunter schlitterte. Aber die rechte Hand würde mir unmöglich gehorchen. Ich nahm den Stift wieder in linke Hand und fühlte mich gleich wieder sicherer beim Malen der Linien, die den Schlitten darstellten. In der Mitte des riesigen weißen Abhangs entstand winzig klein ein Schlitten, darauf eine noch kleinere Figur, die aussah, als würde sie nach hinten kippen und dabei die Beine in die Luft strecken. Es waren nämlich immer viele Kinder auf dem engen Weg am Viehtrieb, wo wir Schlitten fuhren, und ich musste immer ausweichen, wenn sie »Aus der Bahn!« riefen. Nie hat mir das Schlittenfahren wirklich Spaß gemacht. Wie stolz war ich jetzt, dass mir die ganze Schlittenbahn auf dem Papier allein gehörte!

Und schon wieder stand Onkel Günther neben mir und klopfte mir mit dem Rührlöffel auf die Fingerknöchel der linken Hand: »Nimm - den - Mal - stift - in - die - rech - te - Hand!«

Jetzt hatte er mir wehgetan und als er wieder weg war, tropften Tränen auf den weiten, weißen Schlittenhang. Wie einsam und verloren fühlte ich mich plötzlich! Wie bedrohlich wirkte der weiße Abhang! Wohin sollte mich diese rasende Schlittenfahrt führen? Das Bild verschwamm vor meinen Augen. Ich schloss das Heft, meine Fingerknöchel schmerzten.

Meine Großmutter kam ins Zimmer und sah mich da sitzen wie ein Häufchen Elend. Sie setzte sich neben mich, nahm mich auf ihren Schoß, und trocknete meine Tränen mit ihrem Taschentuch.

»Was ist denn passiert?« fragte sie sorgenvoll.

»Onkel Günther!« schluchzte ich, und ich zeigte ihr meine roten Handknöchel. Sie hielt mich fest in ihren Armen, bis ich mich wieder beruhigt hatte.

Als Onkel Günther später einmal beiläufig das Bild betrachtete, das ich an diesem Weihnachtsmorgen gemalt hatte, meinte er: »Das hat überhaupt nichts Großzügiges!«

Der einsame Schlittenfahrer blieb das einzige Bild in meinem Malheft. Und die Buntstifte habe ich nie mehr in die Hand genommen.

Weihnachten in Rauhala

Zur Zeit des Mittwinters blinzelte die Sonne nur noch um die Mittagszeit für wenige Stunden zwischen den Tannen hindurch auf unseren Hof. Es lag viel Schnee, und der Frost hatte das Land fest im Griff. Die Luft war klar und verzauberte unseren Hof im Dämmerlicht in wunderbaren Farben, morgens vor Sonnenaufgang zuerst in dunklem Blau, dann in kräftigem Violett und in zartem Rosa, am frühen Nachmittag bei Sonnenuntergang in rotglühendem Gold.

Der Krieg war zu Ende. Vater war wieder zuhause und gab unserem Leben eine strengere Gangart. Er hat unser Haus vollends fertig gebaut, die Küche und die beiden Kammern. Danach hatten wir mehr Platz zum Wohnen und wir mussten nicht mehr alle miteinander in der Wohnstube schlafen.

Hinter Vaters Bett hing an einem Nagel der Almanach, so hieß der Jahreskalender. Er holte ihn herunter und erklärte uns, dass jetzt der Dezember angefangen hat und dass bald Weihnachten kommt. Wir sollten fleißig sein und der Mutter helfen. Aber das taten wir ja sowieso. Dann zählten wir im Dezember die Tage. Ach je, es waren noch ziemlich viele Tage bis Weihnachten.

Wir bastelten Sterne aus Stroh und Ketten aus Papier. Mutter machte mit uns Weihnachtsgebäck. Dazu drehte sie die Tischplatte um, die Unterseite wurde nämlich zum Auswellen des Teigs benutzt. Wir durften mit den Stechformen Sterne, Halbmonde und Tannenbäumchen ausstechen.

Mutter war in dieser Zeit auch immer wieder mal weg. Sie trug einen Rucksack auf dem Rücken und lief mit dem Tretschlitten an der Landstraße entlang zum Nachbarhof. Dort trafen sich die Nachbarsfrauen. Was sie machten, war ein Geheimnis, aber es hatte sicher auch etwas mit Weihnachten zu tun.

Einige Tage vor Weihnachten holte Vater den Weihnachtsbaum aus dem Wald, und da er verschneit und vereist war, stellte er ihn in die ungeheizte Sauna zum Auftauen. In einem unbeobachteten Augenblick liefen wir zur Sauna und warfen im Halbdunkel durch den Türspalt einen Blick auf den Baum. Er lag schräg über den Saunabänken und verströmte einen wunderbaren, frischen Tannengeruch.

Am Heiligen Abend holte Vater die Tanne aus der Sauna und stellte sie in der Mitte des Wohnzimmers auf. Es war ein stattlicher, ebenmäßig gewachsener Baum, der fast bis zur Decke reichte. Unter dem Baum streute unsere Mutter frisches Stroh aus. Es erinnerte uns daran, dass Jesus in einem Stall geboren ist. Wir schmückten unseren Weihnachtsbaum mit Kerzen, Sternen, Papierketten und kleinen roten Zimtäpfeln.

Jetzt war die Sauna wieder frei und wurde aufgeheizt. Dann gingen wir in die Weihnachtssauna zum Schwitzen, die Männer mit meinem Bruder Matti zuerst, danach wir Mädchen mit unserer Mutter. Als wir alle frisch gewaschen und festlich angezogen wieder in der Stube waren, wurden am Weihnachtsbaum die Kerzen angezündet. Wir sangen Weihnachtslieder und tanzten dazu um den Baum. Dann wurden die Geschenke verteilt. Sie waren bescheiden, aber jeder bekam etwas: einen bunten Schal, der aus Wollresten gestrickt war, eine Mütze, ein Paar Socken oder neue Fäustlinge. Ich bekam eine wunderschöne Puppe. Ihr Kopf war aus Guttapercha, und sie hatte ein schönes Gesicht mit blauen Augen. Die Puppenkleider hatte die Mutter selbst genäht. Jetzt wusste ich auch, warum sie vor Weihnachten so oft zur Nachbarin gefahren war. Dort war die Weihnachtswerkstatt gewesen.

Am Abend saßen wir alle an unserem großen Esstisch in der Stube. Die Tischplatte war mit einem frischen weißen Tischtuch bedeckt und nun gab es das Weihnachtsessen: einen Schinken, heiß aus dem Ofen, dazu verschiedene Aufläufe von Bodenrüben, von gelben Rüben und einen Leberauflauf mit Reis und Rosinen. Zum Trinken gab es frische

Milch und Sauermilch sowie hausgemachtes Malzbier. Es war ein richtiges Festessen.

Am Weihnachtsmorgen fuhren wir mit unserem Pferdeschlitten zur Kirche. Die Kirche unserer Landgemeinde war in der Stadt. In der Nacht um vier Uhr läutete Vaters großer Wecker. Es war ein furchtbar lautes Gebimmel, das uns alle unsanft aus dem Schlaf riss. Halb noch im Schlaf zogen wir uns an. Wir mussten uns für die Schlittenfahrt richtig warm einpacken, denn der Weg zur Stadt war weit.

Vater zog den Schlitten aus der Scheune und legte Pekka, unserem Pferd das Fahrgeschirr an. Oben am Kummet steckte er den Schellenkranz fest. Ein Sack mit Heu und die Pferdedecke wurden unter der Sitzbank im Schlitten verstaut und wärmten uns während der Fahrt die Beine. Über die Sitzbank legte der Vater eine große Felldecke. Dicht an dicht setzten wir uns auf den Schlitten, Vater nahm die Zügel in die Hand und die Fahrt begann. Der Mond schien, und die Landstraße schimmerte wie eine weiße, langgezogene Spur im nachtdunklen Wald. Lautlos glitt der Schlitten durch die klare, kalte Winternacht, begleitet vom gleichmäßigen Traben des Pferdes und dem rhythmischen Klingeln der Schellen an Pekkas Kummet. Vom Nachbarhof bog vor uns ein Schlitten in die Landstraße ein. An der Weggabelung in Koivula kamen zwei Schlitten dazu, und je näher wir zur Stadt kamen, desto dichter wurde der Zug der Schlitten auf der Landstraße. Ein vielstimmiger Klingelchor begleitete unseren Einzug in die Stadt.

Unsere Landkirche steht in einem weitläufigen Park auf einem Hügel. Seitlich davon neben dem Glockenturm waren lange Geländer zum Festbinden der Pferde. Vater schnürte Pekka am Geländer fest und band ihm den Heusack um den Hals, so dass er bequem daraus fressen konnte. Pekka war durch die anstrengende Fahrt ins Schwitzen gekommen, deshalb legte Vater ihm die Pferdedecke über den Rücken, damit er sich nicht erkältet.

Die Kirche war hell erleuchtet. Neben dem Altar stand ein großer Weihnachtsbaum, der mit brennenden Kerzen festlich geschmückt war. Es waren schon viele Leute da, und die Kirchenbänke waren schon dicht besetzt. Aber an der Seite waren noch Plätze frei. Während das Geläut der Kirchenglocken ausklang, begann der Chor zu singen:

Hiljaa, hiljaa,
joulun kellot kajahtaa.
Kautta avaruuksien
Kaikuu laulu riemuinen:
Jesus tullut on.

Still, still,
die Glocken der Weihnacht läuten.
Durch die Weite
Ertönt jubelnder Gesang:
Jesus ist gekommen.

Zum ersten Mal in meinem Leben hörte ich den Gesang eines Chores. Es tönte in der großen, hellen Holzkirche von allen Seiten wie Engelsgesang.

Und drei Pastoren waren da. Sie trugen ihren weißen Festtalar mit einer bunten Stola, und einer hatte eine Bischofsmütze auf dem Kopf. Es war alles sehr feierlich, und weil wir an diesem Morgen schon so früh aufgestanden waren und ich so warm angezogen war, bin ich ein wenig eingeschlafen.

In der Morgendämmerung fuhren wir wieder nach Hause, und als Pekka in unseren Hof einbog, glitzerten die ersten Sonnenstrahlen durch den Wald.

Zum Essen gab es wieder den Weihnachtsschinken und die gleichen leckeren Speisen wie am Heiligen Abend. Dazu kochte die Mutter noch einen Reisbrei und eine Grütze aus Trockenfrüchten. Das ist in

Finnland ein traditionelles Essen zu Weihnachten. Im Reisbrei waren einige Mandeln versteckt; wer zufällig in seinem Teller eine Mandel fand, der sollte sich im nächsten Jahr verlieben. Matti fand eine Mandel, meine ältere Schwester Maikki gleich zwei. Ich fand zum Glück keine, denn ich wollte mich ja gar nicht verlieben.

Nach dem Mittagessen gingen wir raus zu unserem Skihang am See. Matti probierte seine neuen Skier aus, er konnte schon richtige Schwünge fahren. Ich mit meinen kleinen Skiern fuhr ihm hinterher und landete ein ums andere Mal im Schnee. Aber Spaß machte es trotzdem. Am frühen Nachmittag, wenn wieder die Dämmerung hinterm Wald heraufkam, gingen wir nach Hause und freuten uns auf die warme Stube. Wir balgten uns darum, wer zum Aufwärmen auf den Ofen oben drauf sitzen durfte. Wir tanzten wieder um den Weihnachtsbaum, wir tranken heiße Milch und wir aßen Hefezopf und Ausstecherle. Am liebsten aber naschte ich von den Pfefferkuchen, welche die Wichtel gebacken hatten. Oder war's die Mutter gewesen, die den Wichteln beim Backen geholfen hatte?

Fastnacht

»Kinder, bringt morgen euren Schlitten oder eure Skier in die Schule mit! Wir wollen morgen unseren Fastnachtsausflug machen.« Unsere ganze Dorfschule war in Aufregung, denn das war ein winterlicher Festtag, den es nur ein Mal im Jahr gab.

Kinder im Schilf des zugefrorenen Sees

Am nächsten Tag waren wir schon in der frühen Morgendämmerung auf den Beinen. Wir packten uns dick ein, denn jetzt im Februar war es draußen frostig kalt und es hatte viel Schnee. Dann liefen wir mit unseren Schlitten und Skiern zur Schule.

Auf dem Sportplatz vor unserer Schule trafen wir unsere Schulkameraden und unsere Lehrerinnen. Dann wanderten wir los, zuerst durch den Wald zum Ihastjärvi-See, dann über die zugefrorene Eisdecke des Sees hinüber ans andere Ufer, und dann hinauf nach

Väisälän Mäki. Das ist ein Bauernhof, der am höchsten Hügel unseres ganzen Dorfes gelegen ist. Dort konnten wir mit dem Schlitten und mit den Skiern auf den tief verschneiten Wiesen und Feldwegen den Hang hinunter fahren. Die Skifahrer bauten an ihrem Hang eine Sprungschanze, und sie machten einen Wettbewerb, wer am weitesten springen konnte. Die ganze Schule war im Schnee. Das war herrlich!

Danach wurden wir in die warme Wohnstube eingeladen. Das ganze Haus roch wunderbar nach frischem Backwerk. Die Frauen von Väisälä hatten im großen Holzofen viele, viele Brötchen aus Hefeteig gebacken. Die goldbraunen Brötchen waren sogar mit Marzipan gefüllt und mit Zucker bestreut. Da lagen sie in langen Reihen auf dem Esstisch, jedes Brötchen auf einem Teller. Dann wurde heiße Milch darüber gegossen. Kannst du dir vorstellen, wie das schmeckte? Einfach wunderbar!

Herzlichen Dank den Frauen von Väisälä – und bis zum nächsten Jahr wieder!

Danach machten wir uns auf den Rückweg zur Schule. Noch einmal sausten wir mit Schwung den Hügel hinunter, dann wanderten wir auf den Spuren vom Vormittag wieder über den zugefrorenen Ihastjärvi-See zurück und durch den Wald hinüber zur Schule.

Im Dämmerlicht des Nachmittags kamen wir wieder zuhause an, müde und glücklich von den Erlebnissen dieses Tages.

Mein Sommerkleid

Es war noch Spätwinter, auf der Nordseite hinter unserem Wohnhaus und auf der Schattenseite der großen Scheune lagen noch die letzten Schneekatzen. Aber von Tag zu Tag kam die Sonne ein bisschen höher hinterm Wald herauf, und bald hatte sie die Schneekatzen verschluckt. Da sagte die Mutter zu uns Mädchen: »Kinder, es wird Zeit, dass wir an den Sommer denken. Ihr sollt wieder neue Kleider bekommen. Jedes Mädchen bekommt ein neues Sommerkleid.«

Könnt ihr euch vorstellen, dass man damals nicht einfach in die Stadt fahren und in einem Kleidergeschäft ein neues Kleid kaufen konnte? Mutter machte sich auf den Weg zu Elli, einer Nachbarin, die nähen konnte. Sie wohnte im Rasi-Hof, der von unserem Hof nur ungefähr zwei Kilometer durch den Wald entfernt war. Wenn wir in die Schule gingen, kamen wir am Rasi-Hof vorbei. Mit Elli machte sie aus, wann sie zum Kleidernähen zu uns kommen kann.

Nun überlegten wir, was für Kleider wir gerne haben wollten. Wir machten Skizzen mit Bleistift auf einem Blatt Papier. Ich zeichnete ein Kleid mit einem kleinen, runden Ausschnitt am Hals, es sollte am besten einen weißen Kragen mit abgerundeten Ecken haben. Die Ärmel sollten kurz sein und über dem Ellbogen mit Rüschchen eingefasst. In der Taille sollte das Kleid nicht zu eng sein. Der Rock bedeckte die Knie und sollte ebenfalls mit Rüschen eingefasst sein, nur etwas breiter wie an den Armen.

Dann zeigte ich meine Skizze der Mutter. Sie warf einen kritischen Blick auf meinen Entwurf und meinte: »Ja, Eevi, das ist gar nicht schlecht so. Nur der Rock dürfte etwas länger sein.«

Ich erwiderte: »Aber Mutter, ich bin doch kein kleines Kind mehr!«

Mutter hatte es nicht einfach mit den Kleidern für uns vier Mädchen. Jede wollte einen Rock haben, der noch ein bisschen kürzer war als der der Anderen. Schließlich sprach sie ein klares Urteil: »Alle Röcke werden zehn Zentimeter länger gemacht. Ihr wachst ja alle noch.«

Dann fuhr Mutter in die Stadt um den Stoff für die Kleider zu besorgen. Es war ja noch während der Nachkriegszeit, und so wie es Essensmarken zum Kauf von Nahrungsmitteln gab, so gab es auch Kleidermarken zum Kauf von Stoff. Unsere Mutter kaufte einen wunderschönen, hellblauen Stoff mit gelben Blümchen. Der war auf einer großen Rolle aufgewickelt und musste für alle vier Mädchen reichen.

Elli, unsere Näherin, wohnte eine ganze Woche bei uns. Auf dem großen Esstisch in unserer Wohnstube zeichnete sie die Muster und schnitt die Teile zurecht. Wir saßen auf der Bank hinter dem Esstisch und schauten interessiert zu, wie sie mit der großen Schneiderschere die Stoffbahnen zerschnitt. Dann heftete Elli die großen Teile mit einfachen Stichen zusammen und ich durfte zum ersten Mal anprobieren. Noch hatte das Kleid keine Ärmel und keine Rüschchen, aber wir konnten uns schon vorstellen, wie es werden sollte. Elli steckte die Abnäher am Hals und an der Hüfte ab. Dann nähte sie auf Mutters Nähmaschine die Teile zusammen.

Die Nähmaschine wurde in der Kammer vors Fenster gerückt, damit Elli alles gut sehen konnte. Dann saß sie gebeugt vor der Maschine und setzte mit gleichmäßigen Tretbewegungen das Schwungrad in Drehung. Der Treibriemen schnurrte, die Fadenrolle begann sich zu drehen, und die Nähnadel flitzte in ihrer Halterung so schnell rauf und runter, dass man sie kaum mehr sehen konnte. Auf ihrem Schoß hatte Elli die zusammengehefteten Teile. Vorsichtig schob sie Stück für Stück über den Nähtisch und unter den Nadelschuh. Auf der anderen Seite kam die fertige Naht heraus, schön gleichmäßig und ohne Falten.

Elli nähte, bis es dunkel wurde. Es war schön zu sehen, wie das Kleid langsam Gestalt annahm. In der Abenddämmerung setzten wir Frauen uns dann noch in der Kammer zusammen und unterhielten uns, bis es dunkel wurde.

Am anderen Tag durfte ich zum Abstecken des Saums auf unseren Esstisch hinaufklettern. Bevor Elli mit dem Abstecken begann, beugte ich mich zu ihr hinunter und flüsterte ihr ins Ohr: »Elli, machst du mir den Saum ein bisschen kürzer?«

Sie machte eine freundliche Miene und zwinkerte mir mit einem Auge zu. Dann sagte sie laut: »Eevi, du musst gerade stehen bleiben!

Als ich so in meinem neuen Kleid auf dem großen Esstisch in unserer Wohnstube stand, kam ich mir vor wie eine Prinzessin.

An einem klaren, warmen Sonntagvormittag im Mai zog ich zum ersten Mal mein neues Kleid an, um es den Großeltern vorzuführen. Sie wohnten in Koivula an der Landstraße in Richtung Süden, nur ungefähr zwei Kilometer von unserem Hof entfernt. Ich fragte meinen Bruder:

»Matti, nimmst du mich auf deinem Fahrrad mit zu den Großeltern?«

Er setzte seine Schildkappe auf und holte das Fahrrad aus dem Schuppen. Dann fuhren wir los, Matti trat in die Pedale, ich saß hinten auf dem Gepäckträger und hielt mich an seiner Hose fest. Es war herrlich, den warmen Frühlingswind im Gesicht und an den Armen zu spüren. Lustig flatterten die Rüschen an meinen Armen und am Rocksaum.

Plötzlich verfing sich mein Rock in der laufenden Fahrradkette, ich schrie auf und stürzte in den Staub und Split auf der Landstraße. Der Rock war zerrissen und mit schwarzem Kettenfett und rotem Blut verschmiert. Ich weinte vor lauter Enttäuschung. Mein neues Sommerkleid war ein hässlicher Schmutzlappen geworden, bevor der Sommer überhaupt angefangen hatte. Dass ich eine klaffende Wunde am Fuß hatte und stark blutete, das merkte ich erst, als Matti mich wieder aufrichtete und mir half wieder auf den Gepäckträger zu sitzen. Schnell waren wir wieder zurück auf unserem Hof.

Meine Mutter tröstete mich: »Mach dir keine Sorgen, Eevi! Wir bringen dein Kleid zur Elli. Sie wird es schon wieder hinkriegen.«

Tatsächlich, Elli kriegte es hin. Nachdem mein Kleid repariert worden war, heilte auch die Wunde an meinem Fuß. Aber die Narbe habe ich noch immer.

Fritz

Fritz Brütsch war ein Freund meines Vaters. Fritz gehörte zu Beginn der Nazizeit zu einer Gruppe von jungen Kommunisten, die gegen das Naziregime Widerstand leisteten, wohl eher aus jugendlichem Übermut als aus fundierter politischer Überzeugung. Sie sahen und spürten, wie das Naziregime die freie Meinungsäußerung verbot und mit harter Hand durchgriff, um die politischen Gegner mundtot zu machen. Sie waren jung und fühlten sich stark.

Sie waren einfach dagegen. Sie gingen gemeinsam auf Wanderungen und Zeltlager, sie trafen sich öffentlich im Arbeiterschwimmverein. Sie trafen sich auch insgeheim zur politischen Schulung und planten gemeinsame Aktionen wie z.B. das Verteilen von Flugblättern in Briefkästen.

Einer aus dieser Gruppe, Hans Gasparitsch, er war damals 16 Jahre alt, ging am 14. März 1935 zum Stuttgarter Hauptbahnhof. In seiner Tasche hatte er eine Büchse mit roter Rostschutzfarbe und einen Pinsel. Sein Ziel war das Standbild des Rossebändigers im Schlossgarten, gegenüber vom Hauptbahnhof, wo in den Abendstunden immer viele Menschen vorbeiliefen. Dort pinselte er auf den Sockel die Worte:

HITLER = KRIEG

Kurze Zeit später ging Hans noch einmal an dem Standbild vorbei, um die Wirkung seiner mutigen Tat zu begutachten. Polizei und Gestapo hatten inzwischen den Tatort abgesperrt. Er wurde kontrolliert, und man fand in seiner Tasche den tropfnassen Pinsel und den Farbtopf. Der Junge kam in Untersuchungshaft. Bei ihm zuhause fand die Polizei Fotos von der Gruppe. Kurze Zeit später wurden alle Kameraden verhaftet.

Es gab den größten Strafprozess gegen Jugendliche, der während der Nazizeit in Württemberg durchgeführt wurde. Alle 19 Kameraden wurden wegen »politischer Gefährlichkeit« verurteilt. Sie waren damals zwischen 14 und 24 Jahre alt. Der Junge von 14 Jahren wurde freigesprochen, alle anderen wurden zu Gefängnis- und Zuchthausstrafen verurteilt.

Fritz war der Gruppenleiter gewesen. Er wurde zu 4 Jahren und 4 Monaten Gefängnis verurteilt. Nachdem er die Gefängnisstrafe abgesessen hatte, wurde er 3 Jahre lang im Konzentrationslager in Welzheim eingesperrt. Im Jahr 1942 schickte man ihn als Soldat ins Strafbataillon 999 nach Afrika. In Afrika geriet er in amerikanische Kriegsgefangenschaft und wurde mit dem Schiff in die USA gebracht. Dort verbrachte er die Jahre bis zum Ende des Zweiten Weltkriegs im Gefangenenlager Camp Campbell bei New York.

Meine Mutter und Fritz heirateten am 5. Mai 1948. In der Wirtschaft zum Waldhorn in Riedenberg wurde nachmittags eine Feierstunde für das Hochzeitspaar veranstaltet. Danach wurde ein gemeinsames Abendbrot aufgetischt. Dafür musste jeder seine Essensmarken mitbringen, für 50 g Fleisch, 50 g Nährmittel und für vier mittlere Kartoffeln. Anschließend gab es ein fröhliches Beisammensein mit gemeinsamem Liedersingen und Tanz.

Danach wohnte Fritz bei uns. Ich musste aus dem Schlafzimmer meiner Mutter ausziehen und bekam auf der anderen Seite unserer Wohnung ein Bett im kleinen Schlafzimmer meiner Großmutter, das dadurch noch kleiner wurde.

Fritz sagte zu mir, jetzt kannst du eigentlich Vater zu mir sagen, deine Mutter und ich sind ja jetzt verheiratet. Aber das war für mich völlig unverständlich, denn ich wusste ja, dass mein Vater im Krieg gefallen war. Alle sagten nur Fritz zu ihm, so auch ich. In meiner Kindheit und Jugend hatte ich kein väterliches Vorbild.

Am 28. März 1953 starb Fritz an den Folgen einer Erkrankung, die ihm das Gefängnis, das KZ und der Krieg zugefügt hatten. Meine Mutter war damals vierzig Jahre alt und zum zweiten Mal Witwe geworden. Alle ihre Träume und Wünsche, nach dem Ende des Kriegs und der Befreiung vom Nazi-Regime noch einmal ein neues Leben aufbauen zu können, waren zum zweiten Mal zerstört.

Keine Weihnachtsgans

Das Jahr 1953. Der Bundeskanzler Konrad Adenauer war zum ersten Mal seit Bestehen der noch jungen Bundesrepublik Deutschland zu einem Staatsbesuch in die USA eingeladen. Der Bundestag hatte das deutsch-israelische Wiedergutmachungsabkommen verabschiedet. Bei uns fing das Wirtschaftswunder an überall Blüten zu treiben.

Am Weihnachtstag waren wir bei Tante und Onkel zum Mittagessen eingeladen. Wir schenkten ihnen zu Weihnachten einen »süßen Heinrich«, einen Zuckerstreuer aus Glas mit einem verchromten Blechdeckel, der in der Mitte ein schräg abgeschnittenes Röhrchen hatte. Beim Umkippen konnte man damit eine kleine Portion Zucker ausstreuen. Was für eine tolle Erfindung! Und es gab Zucker in Hülle und Fülle!

Mein Onkel wollte eine Weihnachtsgans braten, aber weil das Gas an diesem Tag so wenig Druck hatte, zog sich die Braterei unendlich hin. Meine Tante sagte zu ihrem Mann:

»Das hättest du eigentlich wissen müssen, dass heute mehr Leute als sonst Gas brauchen. Du hättest halt schon eine Stunde früher anfangen müssen.«

Es roch nur zaghaft nach gebratener Gans, und die Atmosphäre war angespannt.

Aus dem Radio erklang ein Schlager von Friedel Hensch und den Cyprys:

»Bei mir zu Haus',
da blüht für dich ein schöner Garten,
bei mir zu Haus',
da scheint die Sonne für uns zwei.

Bei mir zu Haus',
da wird das Glück stets auf dich warten,
bei mir zu Haus',
gehen alle Sorgen schnell vorbei …«

Da sagte meine Mutter zum Onkel Günther: »Mach bitte das Radio aus!«

Onkel Günther rückte seine Brille zurecht und sagte zu meiner Mutter: »Aber, Emma, jetzt freu' dich doch auch ein bisschen! Du kannst doch nicht immer Trübsal blasen.«

Darauf meine Mutter: »Du hast gut reden, du hast ja deine Frau. Aber ich, wie steh' ich da, wo ich zum zweiten Mal meinen Mann verloren hab'?«

»Emma, da musst du doch allmählich drüber weg kommen. Uns geht's doch trotz allem, was gewesen ist, so gut!« meinte mein Onkel.

Das Radio war inzwischen verstummt.

Da sagte meine Mutter mit leiser Stimme: »Jaja, dir ist's schon immer gut gegangen!«

»Wie meinst du denn das?« fragte mein Onkel forschend zurück.

Darauf zeigte meine Mutter mit dem Zeigefinger ihrer rechten Hand auf eine alte Fotografie, die im silbernen Bilderrähmchen an der Wand hing und Onkel Günther zeigte, wie er als Soldat in Siegerpose auf einem Felsen stand. Sie sagte in bestimmten Worten, die sie wohl schon hundertmal gedacht, aber noch nie ausgesprochen hatte:

»Während mein Walter als Soldat im Osten irgendwo im Straßengraben gelegen ist und der Fritz im KZ eingesperrt war, bist du als Soldat am Kap Sunion in Griechenland in der Sonne gesessen und hast dein Leben genossen!«

Darauf mein Onkel, wie aus der Pistole geschossen:

»Hättest du dich bloß nicht mit dem Kommunistenpack eingelassen, dann wär' in deinem Leben manches anders gekommen!«

Meine Mutter würdigte den Onkel keines Blickes mehr. Sie fasste mich am Arm und sagte zu mir in mühsam verhaltenem Ärger: »Komm' Bub, wir sind hier fehl am Platz. Wir gehen jetzt nach Hause.«

Meine Großmutter versuchte noch zu vermitteln, aber es war umsonst. Da war nichts mehr zu retten. Wir zogen unsere Mäntel an, meine Mutter und die Großmutter setzten ihre Hüte auf, ich meine Mütze. Ohne Gruß verließen wir die Wohnung meines Onkels und meiner Tante.

Zuhause aßen wir an diesem Weihnachtstag geröstete Kartoffeln und aufgewärmtes Sauerkraut vom Heiligen Abend. Geredet wurde nur noch das Allernötigste.

Die Aufnahmeprüfung

Es war im Frühjahr 1948, ich war 12 Jahre alt geworden und die 5. Klasse ging bald zu Ende. Da nahm mich die Lehrerin auf die Seite, um mit mir zu reden: »Eevi, du bist eine so gute Schülerin. Möchtest du nicht in die Stadt ins Gymnasium gehen? Meine Tochter Ritva muss noch in diesem Frühjahr die Aufnahmeprüfung fürs Gymnasium machen, und wenn du auch zur Prüfung mitgehen würdest, dann wäret ihr beide nicht so allein.

Ihr seid doch sowieso Freundinnen, und dann könntet ihr im Gymnasium weiterhin Klassenkameradinnen bleiben. Was meinst du? Ich muss mal mit deinen Eltern reden.«

Ich war natürlich begeistert von dieser Idee, obwohl ich gar nicht genau wusste, was ein Gymnasium ist. Von unseren Nachbarkindern auf dem Dorf ging niemand ins Gymnasium. Ich müsste weg von unserem Hof und von meiner Familie. Wo sollte ich denn in der Stadt wohnen? Das kostet auch Geld. Was werden meine Eltern dazu sagen?

Die Lehrerin sprach mit meinen Eltern. Sie waren nicht so begeistert wie ich, aber sie sagten auch nicht nein. Vielleicht dachten sie, da wird sowieso nichts daraus. Dann soll unsere Eevi mit der Ritva einfach mal die Prüfung machen.

Ich dachte, jetzt wird es zum ersten Mal in meinem kleinen Leben echt ernst mit mir. Das muss ich schaffen. Und ich fing abends an zu lernen, alles Mögliche, Mathe und Pflanzenkunde, Erdkunde und vor allem finnische Grammatik. Ich war so aufgeregt, dass ich nachts kaum mehr richtig schlafen konnte.

Es kam der Prüfungstag. Unsere Lehrerin fuhr mit Ritva und mir mit dem Bus in die Stadt. Schon die Fahrt war aufregend. Und dann standen wir vor dem Gymnasium, einem großen, mächtigen, mehrstöckigen Gebäude aus Stein.

Das Gymnasium für Jungen und Mädchen in Mikkeli in den 1950er-Jahren

Wie klein und gemütlich war dagegen unsere Dorfschule, die aus Holz gebaut war! Hinter der Eingangstüre betraten wir das breite, offene Treppenhaus, das durch alle Stockwerke reichte. Wir mussten ganz rauf in die oberste Etage. Auf jedem Stockwerk gab es viele Türen zu den Klassenzimmern, überall waren Mädchen und Jungen im Unterricht.

Eine breite Doppeltür wurde geöffnet, und da saßen schon viele Jungs und Mädchen mit ihren Eltern oder Lehrern, die sie begleiteten. Alle waren nervös, auch die Erwachsenen. Ziemlich weit vorne im Saal waren noch Plätze frei. Alle wurden vom Rektor freundlich begrüßt und ein wenig beruhigt. Er wünschte uns viel Glück für die Prüfung. Dann wurden wir auf verschiedene Klassenzimmer verteilt, und zuerst wurden die schriftlichen Prüfungen gemacht. Anschließend gab es noch mündliche Prüfungen bei verschiedenen Lehrerinnen und Lehrern. Über Mittag gab es freie Zeit. Dann am späteren Nachmittag mussten wir uns wieder versammeln zur Bekanntgabe der Prüfungsergebnisse.

Die Mitteilungen wurden in alphabetischer Reihenfolge verlesen. Ich hieß Eevi Kaarina Nurminen, meine Freundin Ritva Salojärvi. Also kam ich vor Ritva dran, und es wurde klar und deutlich angesagt, dass ich die Prüfung bestanden hatte. Aber beim S wurde Ritva Salojärvi nicht ausgerufen, das heißt, Ritva hatte die Prüfung nicht bestanden. Dieser Moment war für uns schwer zu verkraften. Wir wussten, dass wir nicht mehr zusammen in die Schule gehen konnten, und wir spürten, dass unsere Freundschaft auseinander brechen würde. Die Lehrerin war genauso enttäuscht wie ihre Tochter. Unsere Wege haben sich dann tatsächlich getrennt.

Bei uns im Dorf waren die Leute damals Bauern und Waldarbeiter gewesen, und mit ihnen waren wir vertraut. Aber jetzt im Gymnasium in Mikkeli waren die meisten Schulkameradinnen und Kameraden von Familien der städtischen Gesellschaft. Zu Anfang waren sie mir fremd, aber ich habe mich bald schon unter ihnen wohl gefühlt und wir wurden Freundinnen und Freunde. Zur Sommerzeit, wenn auf dem Marktplatz in Mikkeli die Sommercafés mit ihren Zelten aufgebaut sind, treffen wir uns dort heute noch. Dann ist die Freude groß, und es gibt viel zu erzählen.

In die Stadt

Schon früh am Morgen spannte Vater unser Pferd vor den Wagen und ich habe alles, was ich mir vorstellen konnte, von zuhause mitgenommen. Vater brachte mich nach Mikkeli, ich war 12 Jahre alt und ich sollte jetzt bei fremden Leuten in der Stadt wohnen. Denn ich durfte ins Gymnasium gehen. Mikkeli hatte damals ungefähr 30 000 Einwohner. Für mich war es aber eine riesige Stadt, denn bei uns auf dem Dorf gab es ja nur Bauernhöfe und einen Dorfladen. Die einzigen Leute, die ich in Mikkeli kannte, waren meine Tante Hulda mit ihrer Familie.

Ich wohnte bei fremden Leuten, dem Ehepaar Mälkiä. Sie hatten eine ältere Tochter, die als Kindergärtnerin für ein Jahr nach Schweden zum Arbeiten gegangen war. So durfte ich im Zimmer ihrer Tochter wohnen. Frau Mälkiä und Herr Mälkiä waren sehr freundlich und ein bisschen dick, einfach gemütliche, ältere Leute. Frau Mälkiä richtete mir morgens ein Frühstück her, und nachmittags und abends gab es auch was zu essen. Dafür musste mein Vater ihnen jeden Freitag, wenn er mich abholte, Gemüse und Kartoffeln bringen, sowie Eier, Mehl und Milch, was es auf unserem Bauernhof gab.

Mein Schulweg war kurz, nur etwa ein Kilometer zu laufen. Ich bin gerne in die Schule gegangen, und dort hat es mir von Anfang an gut gefallen. Meine Klassenkameradinnen und -kameraden kamen alle von verschiedenen Schulen, wir haben uns neu kennengelernt und wurden schnell Freunde.

Es ist so, mein Vater war nie ein gutmütiger Mensch, und er ärgerte sich über das Ehepaar Mälkiä, weil sie immer mehr Lebensmittel und Geld für meine Versorgung verlangten. Nachdem das erste Schuljahr im Gymnasium abgeschlossen war, musste ich also wieder ausziehen.

Nach den Sommerferien wurde ich in der Familie meiner Tante Hulda aufgenommen. Das war auch nicht einfach für mich, denn sie hatten selber drei Kinder, zwei Jungen, Erkki und Eero, und ein Mädchen, Ritva. Man richtete für mich einen Platz in der Küche her. Da gab es ein Klappbett, das man abends ausziehen musste und morgens wieder zusammenklappte. Am Küchentisch musste ich meine Hausaufgaben machen und ich musste auch immer beim Kochen und Geschirrspülen helfen. Mit meiner Kusine kam ich ganz gut zurecht, aber mit meinen beiden Vettern gab es immer Reibereien. Als ich älter wurde und in die Pubertät kam, wurde alles noch viel schlimmer. Ich spürte, dass ich in der Familie nicht richtig willkommen war und ich war immer froh, wenn ich wieder in der Schule war.

Die Familie meiner Tante Hulda wohnte gegenüber vom Kirchpark. Oft ging ich, wenn ich von der Schule kam, unter den Tannen und Birken und zwischen den Fliederbüschen im Park spazieren. Ich lief um die Domkirche herum und saß gerne auf einer Parkbank und nützte die Zeit zum Lernen.

An den Wochenenden und in den Ferien kam ich nach Hause auf unseren Hof in Rauhala. Es war aber nicht mehr so wie früher. Die beiden älteren Geschwister gingen auch schon ihre eigenen Wege. Mein Bruder Matti war beim Militärdienst und ging danach ins Lehrerseminar. Er wurde Werklehrer. Meine ältere Schwester Maikki wurde Behinderten- und Altenpflegerin und war in Moisio, einer großen Einrichtung für geistig Behinderte in der Stadt. Mit meinen jüngeren Geschwistern konnte nicht mehr viel anfangen. Wir waren uns fremd geworden. Mein Vater und meine Mutter konnten mir auch nicht helfen, wenn ich mal Sorgen hatte. Was ich machte, war ihnen eigentlich immer recht. In der Schule lief alles gut, und meine Eltern hatten großes Vertrauen auf mich.

Eevi bei der Konfirmation im Jahr 1952

Nachdem ich die Mittlere Reife bestanden hatte, wusste ich nicht, was ich weiterhin machen sollte. Manche Mitschülerinnen hörten mit der Schule auf, um einen praktischen Beruf zu lernen. Niemand konnte mich beraten. Aber irgendwie musste ich mich entscheiden. So ging ich nach den Sommerferien wieder in mein Gymnasium und machte weiter im sprachlichen Zug. Mein Ziel war das Abitur.

Der Tag des Herrn

Der Eingang zur Gastwirtschaft zum »Adler« war auf der Gablenberger Hauptstraße, aber das Nebenzimmer des »Adlers« war auf der Rückseite des Gebäudes, schräg gegenüber von unserer Wohnung. In der Nachkriegszeit übte dort jeden Freitagabend der Liederkranz Gablenberg 1841 e.V. An den warmen Sommerabenden waren im »Adler« die Fenster geöffnet. Wir hatten zwar die Fensterläden geschlossen, aber darunter waren auch unsere Fenster weit geöffnet. So durfte ich in der angenehmen Kühle des Abends die ganz Chorprobe mitmachen, als säße ich im Liederkranz mit dabei. Man sang vierstimmig »Schäfers Sonntagslied«, und ich konnte den Tenor auswendig mitsingen:

»Das ist der Tag des Herrn!
Ich bin allein auf weiter Flur,
Noch eine Morgenglocke nur!
Nun Stille nah und fern!

Anbetend knie' ich hier.
O süßes Graun! Geheimes Wehn!
Als knieten Viele ungesehn
Und beteten mit mir.

Der Himmel, nah und fern,
Er ist so klar und feierlich,
So ganz, als wollt' er öffnen sich.
Das ist der Tag des Herrn!«

Dieses wundervolle Lied zu dem Gedicht von Ludwig Uhland hatte es mir angetan. Der einsame Schäfer, der unter dem klaren Himmel sein Gebet verrichtet, war mir sympathisch. Doch bald schon verlor sich die morgendliche Frische dieses Sonntagslieds im Bierdunst des später werdenden Abends. Die Tenöre pressten die hohen Töne aus ihren Kehlen und sangen zu tief. Die Koloratur bei »O süßes Graun! Geheimes Wehn!« geriet zu einer Achterbahnfahrt. So ging, während ich allmählich einschlief, der Tag des Herrn jämmerlich zu Ende.

Aber am Sonntagmorgen feierte der Tag des Herrn seine Auferstehung. Onkel Günther hatte auf der Waldebene Ost einen Schrebergarten. Er pflanzte dort Doppelreihen von Himbeeren und Erdbeeren, Tomaten und Bohnen. Und Tabak. Am Sonntagmorgen wurde zwischen den Erdbeeren das Unkraut gejätet. Onkel Günther hatte eine verwaschene, graue Sporthose mit kurzen Beinen an, und während er zwischen den Bohnenstangen in die Knie ging, trällerte er:

»Das ist der Tag des Herrn!
Das ist der Tag des Herrn!
Anbetend knie' ich hier.
O süßes Graun! Geheimes Wehn!
Als knieten Viele ungesehn
und jäteten mit mir.«

Auf den Tennisplätzen bei der Geroksruhe spielten junge Mädchen Tennis. Sie hatten ganz kurze, marineblaue Röckchen an, und wenn sie sich zum Aufschlag streckten, konnte man unter dem Röckchen das weiße Unterhöschen blitzen sehen.

Ich aber musste zwischen den Erdbeerreihen in der Hocke sitzen und Unkraut rausrupfen. Dabei kitzelten mich die Erdbeerblätter zwischen den Beinen. Das war mir alles so peinlich.

Geige spielen

Onkel Günther hängte die Tabakblätter, die er in seinem Schrebergarten geerntet hatte, bei uns unterm Dach an einer langen Schnur zum Trocknen auf. Dort auf dem Speicher fand ich in einer Ecke zwischen Koffern, Kisten und altem Hausrat einen staubigen Geigenkasten. Da war einer Geige und ein Bogen drin. Ich nahm den Kasten mit runter in unsere Wohnung. Die Geige hatte nur noch eine Saite und gab keinen Ton von sich, sie schnarrte nur. Meine Mutter erklärte mir, dass die Geige noch von meinem Vater stamme. Er habe darauf richtige Lieder spielen können.

Ich war damals elf Jahre alt und ging schon in die erste Klasse des Gymnasiums. Unser Musiklehrer, Herr Müller war ein Verehrer von Richard Wagner, Wagners Bild hing im silbernen Rahmen über dem Flügel im Musiksaal. Meine Mutter besuchte Herrn Müller in der Elternsprechstunde, und er sagte ihr, es sei ihm aufgefallen, dass ich musikalisch begabt sei. Ob ich nicht Privatunterricht bekommen könne um ein Instrument zu spielen, er könne meiner Mutter gerne eine geeignete Lehrerin empfehlen.

Als meine Mutter zuhause von dem Gespräch mit Herrn Müller berichtete, hatte sie einen Zettel mit der Adresse einer Musiklehrerin names Traudel Boeck in der Hand:

Meine Mutter hatte sich geniert Herrn Müller ehrlich zu sagen, dass sie eigentlich kein Geld habe, um eine private Musiklehrerin zu bezahlen. Großmutter versprach, jeden Monat einen Geldschein aus ihrer Rente beizusteuern. Meines Vaters alte Geige wurde zum Geigenbauer gebracht. Er hat neue Saiten aufgezogen und den Geigenbogen mit neuen weißen Rosshaaren bespannt. Dann bekam ich bei Fräulein Boeck Geigenunterricht.

Am Nachmittag, während die anderen Jungs in unserer Straße Fußball spielten, machte ich meine Fingerübungen auf der Geige. Ich übte gerne und fleißig. Das Geigenspiel war mein Ding, niemand konnte mir dreinreden. Ich hatte die Geige ganz für mich allein.

Als das erste Jahr meines Geigenunterrichts zu Ende ging, schrieb mir Fräulein Boeck ins Zeugnis:

»Gerhard ist sehr gut begabt und zeigt viel Freude und Fleiß. Er kann schon nach sehr kurzer Zeit anspruchsvollere Stücke mit anderen zusammenspielen.«

Zu Anfang des Jahres 1953 war der Fritz, mein Stiefvater, im Krankenhaus. Er war schwer krank und wir wussten, dass sein Leben bald zu Ende gehen werde. Meine Mutter veranlasste, dass ich zusammen mit meinen drei Geigenfreunden im Krankenhaus dem Fritz ein Ständchen spielen sollte. Wir bauten im Flur unsere Notenständer auf und packten die Geigen aus. Dann öffnete meine Mutter die Tür zum Krankenzimmer und wir begannen zu spielen. In dem kahlen, grauen Flur klangen unsere Geigentöne so fremd und verloren. Fritz weinte, und meine Mutter ermahnte ihn, er solle sich zusammennehmen.

Fritz starb kurz vor Ostern. Ich war zusammen mit den Geigenschülerinnen und -schülern auf einer Musikfreizeit im Schwarzwald. Als ich gegen Ende der Osterferien wieder nach Hause kam, war die Trauerfeier für Fritz schon vorbei und seine Urne in unserem Familiengrab bestattet.

Im gleichen Jahr bekam meine Mutter vom Landesamt für Wiedergutmachung 2500 D-Mark ausbezahlt. Das war die Entschädigung für Fritz, der 7 Jahre lang im Gefängnis und im Konzentrationslager eingesperrt gewesen war. Von diesem Geld kaufte meine Mutter beim Geigenbauer Franke am Ostendplatz für mich eine Meistergeige. Mir sollte es an nichts fehlen.

Je mehr ich übte, desto mehr entfaltete meine neue Geige einen wunderschönen, weichen Ton. Ich brachte es zu einiger Kunstfertigkeit und spielte im Schulorchester gelegentlich einen Solopart. Im Stuttgarter Jugendorchester spielte ich mit, und wir begleiteten bei Kirchenkonzerten die Hymnus-Chorknaben. Meine Mutter, meine Großmutter, Onkel und Tante, alle waren stolz auf mich. Unser Junge ist begabt. Was aus dem wohl noch wird?

Als ich vierzehn Jahre alt war und die anderen Klassenkameraden Konfirmation feierten, wurde für mich in unserem Wohnzimmer ein Familienfest veranstaltet, denn wir waren nicht in der Kirche. Ich musste zum ersten Mal einen Anzug mit Krawatte anziehen und ein Stück aus Schillers »Glocke« auswendig aufsagen, wo es heißt:

Der Mann muss hinaus
Ins feindliche Leben,
Muss wirken und streben …
Und drinnen waltet
Die züchtige Hausfrau,
Die Mutter der Kinder.

Das stimmte aber gar nicht. Bei uns musste die Mutter hinaus ins feindliche Leben und die Großmutter waltete im häuslichen Kreise.

Für meinen Weg ins Leben bekam ich einen Reisewecker, ein Sparbuch bei der Städtischen Spar- und Girokasse, ein Glas Honig,

1954, Gerhards Fest: Der Weg ins Leben!

fünf weiße Nelken und von meiner Mutter einen kleinen, dicken Buddha. Er sollte mir für mein weiteres Leben Glück bringen und er sitzt heute immer noch mit verschränkten Beinen auf meinem Nachttisch.

Je älter ich wurde, desto mehr Erwartungen wurden auf mich übertragen. Ich war ja in unserer Restfamilie der einzige Nachkomme, den der Krieg und die Nazi-Zeit noch am Leben gelassen hatte. Ich sollte es besser haben. Ich wurde verwöhnt und musste mich um nichts kümmern. Ich wurde gefragt, was ich gerne essen möchte. Meine Mutter sorgte dafür, dass ich stets modisch und elegant gekleidet war. Ich durfte jede Woche mit meinem Freund Siegmar ins Mineralbad gehen. Ich durfte mit den Klassenkameraden in die Tanzstunde gehen und auf Partys. Ich musizierte mit Freundinnen und Freunden in Häusern der besseren Stuttgarter Gesellschaft. Dabei beobachtete meine Mutter jeden meiner Schritte, und ich versuchte immer alles perfekt zu machen. Mein Leben war sorglos. Ich war der Planet, um den die Monde kreisten.

Raus aus dem Boot

Als der Frühling des Jahres 1954 kam und mein 11. Schuljahr zu Ende ging, wollte ich zum ersten Mal in meinem Leben ins Ausland reisen. Natürlich nach Schweden, um meine Sprachkenntnisse zu verbessern. Meine liebe Tante Edith half mir dabei. Sie hatte nämlich eine Freundin, die als Gastarbeiterin in Stockholm arbeitete. Zu jener Zeit verließen viele Männer und Frauen Finnland und zogen nach Schweden, weil man dort Arbeit bekam und mehr Geld verdienen konnte.

Ich bekam Arbeit in einem Krankenhaus, dem »Karolinska Sjukhuset« in Stockholm. Dort war ich in der Kinderstation tätig. Ich durfte mit den kranken Kindern spielen und ihnen Geschichten erzählen. Die Arbeit machte mir viel Freude. In diesem Krankenhaus lernte ich eine andere junge Finnin kennen, die dort auch einen Job hatte. In der Freizeit eroberten wir miteinander die Großstadt. Wir fuhren mit den städtischen Buslinien und mit der U-Bahn ins Zentrum. Wir besuchten den Zoo und den Vergnügungspark Skansen. An den warmen Sommerabenden war es dort besonders schön, wenn überall die bunten Lichter leuchteten. Dazu gab es verschiedene Musikgruppen, denen wir begeistert zuhörten.

Dort lernte ich eines Abends eine andere Finnin kennen. Sie hieß Raija und war aus dem Schärengebiet von Turku zuhause. Sie stammte aus einer schwedischsprachigen Familie und sprach perfekt schwedisch. In Stockholm wohnte sie bei ihrer Tante und ihrem Onkel in Traneberg. Das waren sehr feine, vornehme Leute, und ich wurde bei ihnen sehr herzlich aufgenommen. Tant Greta und Farbror Ivan kümmerten sich um uns beide, als wären wir ihre eigenen Kinder. Farbror Ivan arbeitete im Flughafen Bromma und er verschaffte Raija einen Job in einem Kiosk im Flughafen, wo sie Zeitungen und Reiseandenken verkaufte und mir einen Job in einem Flughafen-Café mit Terrasse. Ich sah, wie die Flugzeuge von überall aus der ganzen Welt landeten und abflogen. Meine Café-Besucher waren ein internationales Publikum und ich fühlte mich dort sehr wohl. Ich konnte immer schwedisch sprechen, manchmal aber auch englisch oder deutsch, so gut wie ich es von der Schule konnte.

Mit dem Geld, das ich verdient hatte, konnte ich mir fürs nächste Schuljahr ein paar neue Kleider kaufen. Ich war jetzt eine junge Frau, klein und zierlich mit schönen blonden Haaren.

Dieser erste Sommer in Schweden war wunderbar. Meine Heimat auf dem Bauernhof in Rauhala und unsere kleine Stadt Mikkeli waren weit weg. Ich hatte auch kein Heimweh danach.

Als ich im August wieder nach Hause kam, war ich um einiges erwachsener und selbstbewusster geworden. Ich brachte für meine Eltern und für alle meine Geschwister kleine Geschenke mit. Alle freuten sich und es gab ein fröhliches Wiedersehen.

Als das neue Schuljahr begann, wohnte ich in Mikkeli nicht mehr bei der Familie meiner Tante, sondern in einem eigenen Zimmer. Es war in einem alten Bauernhaus nördlich vom Stadtzentrum. Ich wohnte auf der Südseite, mein Zimmer hatte einen eigenen Eingang vom Garten her.

Meine Schulfreundinnen waren total gespannt, was ich von meinen Sommerferien in Stockholm zu erzählen hatte. Und gleich meldeten sich vier Mädchen, die im nächsten Jahr zusammen mit mir nach Schweden reisen wollten, und wir sind dann auch tatsächlich im Frühjahr 1955 miteinander mit Zug und Schiff zu neuen Abenteuern nach Schweden gestartet.

Ich durfte wieder bei Tant Greta und Fabror Ivan wohnen, Raija kam auch dazu. Wir arbeiteten wieder im Bromma-Flughafen, diesmal war ich im Kiosk und verkaufte Zeitungen und Souvenirs. Der Umgang mit den Reisenden aus aller Welt wurde für mich zum Alltag. In unse-

Raus aus dem Boot!
Das bin ich mit fröhlichen schwedischen Schiffsjungen im Sommer 1955 bei einem Ausflug zum Schloss Skokloster nordwestlich von Stockholm.

rer Freizeit trafen wir uns im Zentrum Stockholms und wir waren viel miteinander unterwegs in der Stadt und ihrer sommerfröhlichen Umgebung.

Für die Rückreise am Ende der Ferien bin ich zum ersten Mal in meinem Leben mit dem Flugzeug geflogen, vom Flughafen Bromma nach Turku/ Finnland mit einer Propellermaschine. Ich war sehr stolz und der Flug war wunderbar.

Als ich wieder nach Hause auf unseren Hof in Rauhala kam, war alles ganz anders geworden. Natürlich waren alle Gebäude noch wie früher, die Zimtapfelbäume und der große Fliederbusch im Hof, die knarrende Holztreppe am Hauseingang. Natürlich wollten meine Eltern wissen, wie es mir den Sommer über in Schweden gegangen war. Aber zu meinen Geschwistern bekam ich keinen rechten Kontakt mehr. Die kleinen Geschenke, die ich wieder mitgebracht hatte, nahmen sie an und bedankten sich, aber viel mehr wollten sie nicht wissen. Meine Welt war ihnen fremd geworden. Ich fühlte mich zuhause als Gast.

Die weiße Studentenmütze

Das letzte Schuljahr vor dem Abitur war anstrengend. Alle 26 Mädchen und unsere beiden Jungs, Erkki und Asko waren immer noch dabei. Von einer Probearbeit zur nächsten wuchs die Aufregung, aber ich kam doch immer näher zum Ziel.

Im Februar endete der regelmäßige Fachunterricht. Es gab die Tradition, dass die nachfolgende Klasse für die Abiturienten zur Verabschiedung am letzten Schultag ein Fest vorbereitete. Sie hatten also aus unserem Klassenzimmer einen Kindergarten gemacht mit allerlei Kinderkram. Da war zum Beispiel ein Spielstall mit Babyspielzeug und Schnullern, Girlanden mit Babyklamotten, Rasseln, Trommeln und Kindertrompeten. Wir mussten in den Babystall steigen und unter dem Jubel der ganzen Schule allen möglichen Blödsinn mitmachen.

Am Nachmittag kamen Kameraden mit den Pferdeschlitten in den Schulhof gefahren und wir mussten alle einsteigen. Wir fuhren im Schlittenkonvoi durchs Stadtzentrum. Es wurde gesungen und Krach gemacht, und wir hatten Süßigkeiten und Papierschlangen dabei, die wir den Kindern und Leuten am Straßenrand zuwarfen.

In der Dämmerung des Nachmittags fuhren wir hinaus aus der Stadt zum Tertin Kartano, einem alten Herrenhaus mit einem Restaurant. Dort wurde nach Herzenslust gefeiert und getanzt. Es bildeten sich auch schon Pärchen. Kaija und Asko aus unserer Klasse verlobten sich bald nach dem Abitur; später heirateten sie und hatten eine Familie mit vier Kindern. Aber ich hatte noch keinen festen Freund, der mich interessiert hätte. In der Liebe war ich eben ein Spätzünder.

Anfang März, an einem kalten, sonnigen Spätwintertag begannen dann die schriftlichen Abschlussprüfungen. Wir versammelten uns alle in der großen Aula. Der Schulleiter und der Klassenlehrer begrüßten uns feierlich und wünschten und viel Mut und Erfolg für die Prüfungen. Für jede Schülerin und jeden Schüler war ein einzelnes Schreibpult vorbereitet. Bevor wir Platz nehmen durften, kontrollierte der Aufsichtslehrer unsere Vespertasche und das Schreibmäppchen, damit kein Spickzettel drin war. Dann wurde jedem sein Platz an einem Pult zugewiesen. Das erste schriftliche Prüfungsfach war natürlich unsere Muttersprache Finnisch. Wir mussten einen umfangreichen Aufsatz schreiben, die Arbeitszeit dauerte den ganzen Vormittag. Danach folgten die Fächer Schwedisch, Englisch, Geschichte mit Gemeinschaftskunde und Kirchengeschichte, sowie für die Mathematiker eine Mathearbeit.

Danach begannen die Vorbereitungen für die mündlichen Prüfungen. Diese Zeit verbrachte ich wieder zuhause in Rauhala. Morgens saß ich in der Südkammer an dem kleinen Tischchen am Fenster und lernte. Die Sonne schien rein, und die dicke Schneedecke auf dem Dach taute allmählich auf. Von den Schindeln an der Dachtraufe tropfte das Wasser. Nachts war es kalt, der Schnee gefror wieder und an der Dachtraufe bildeten sich lange, dicke Eiszapfen. Die schriftlichen Prüfungen hatte ich alle bestanden und auch die mündlichen Prüfungen konnte ich eine nach der anderen erfolgreich abschließen. Hurra – ich hatte das Abi geschafft!

Für die Abschlussfeier, die Ende Mai stattfinden sollte, brauchte ich ein neues Kostüm. Also musste ich Geld verdienen. Ich bekam einen Job in einer Gärtnerei am Stadtrand, wo die Frühjahrspflanzen vorbereitet werden mussten. Aber der Gärtnermeister war grob und brutal zu seinen Mitarbeitern und er fluchte so hässlich. Deshalb sagte ich nach wenigen Tagen wieder Tschüss und suchte mir eine angenehmere Arbeit. Und ich hatte Glück! Ich bekam bei uns im Dorf einen Job im Dorfladen als Verkäuferin. Den Laden von Lyyli und Paavo Kivinen kannte ich von Kind auf, er war gegenüber der Volksschule auf der anderen Seite der Landstraße. Dort gab es alles für den täglichen

Gebrauch, was man bei uns auf dem Land brauchte. Und es war prima, ich kannte alle Leute, die zum Einkaufen kamen.

Man gratulierte mir sehr höflich zum bestandenen Abitur. Dabei wurde mir klar, dass ich in unserem Dorf die erste Person war, die eine höhere Schule besucht hatte.

Anfang Mai hatte ich genug Geld beisammen. Also fuhr ich mit dem Zug nach Helsinki und kaufte mir im Kaufhaus Stockmann ein sehr elegantes, hellblaues Kostüm mit dazu passenden Stöckelschuhen.

Eevi mit Studentenmütze,
Mai 1957

Der Tag der Verabschiedung begann mit einem offiziellen Festakt in der Schule. Der Schulleiter hielt die Abschiedsrede, überreichte jedem sein Zeugnis und beglückwünschte jeden mit einem Handschlag. Die beiden Jungs verbeugten sich, wir Mädchen machten eine nach der anderen einen Knicks. So war das damals noch üblich bei einem ehrerbietigen Gruß. Dann bekamen wir die traditionelle Studentenmütze, sie ist weiß mit einem schwarzen Steg und einem glänzend schwarzen Schild. Nach dem Festakt gingen wir hinüber zur Domkirche. Auf den Stufen vor der Kirche wurde das Gruppenfoto von unserer Abi-Klasse gemacht.

Es ist in Finnland heute noch üblich, dass der frisch gebackene Student und die Studentin rote Rosen überreicht bekommen. Das sind teure, langstielige Rosen aus dem Blumenladen. Man schenkt daher immer nur eine einzige Blume. Ich bekam von allen Verwandten, Freunden und Nachbarn zusammen 99 Rosen und eine Nelke, einen riesigen Strauß, den ich kaum tragen konnte. Sogar mein alter Großvater Malakias war von Lahti gekommen und schenkte mir eine Rose. Zum Schluss gingen wir alle gemeinsam zur Gedenkstätte auf den Soldatenfriedhof, und jeder legte einige von seinen Rosen an den Gedenkkreuzen für die gefallenen Soldaten nieder.

O wie glücklig

Nachdem ich das Abitur bestanden hatte, bekam ich gleich im nächsten Herbst eine Stelle als Vertretungslehrerin an der Volksschule bei uns im Dorf. Ich musste die Klasse der größeren Schülerinnen und Schüler vom 5. bis 9.Schuljahr unterrichten. Am Anfang war es nicht leicht mit den sturen Bauernjungs zu lernen, aber ich setzte mich durch und wurde von ihnen respektiert. Jetzt erlebte ich die Schule von der anderen Seite, in der Position einer Lehrerin. So ging das Schuljahr mit viel Abwechslung schnell vorbei.

Im nächsten Frühjahr zur Osterzeit schmiedete ich wieder Pläne für meine Zukunft. Eine Schwägerin meiner Schwester hatte einen Sommerkurs Deutsch für Ausländer in Stuttgart gebucht. Nun wollte sie aber lieber nach England reisen und bot mir ihren Platz in diesem Sommerkurs in Deutschland an. Gerne nahm ich an. Wir riefen in Stuttgart an, und ich bekam die Einladung, in diesem Sprachkurs mitzumachen. Ich freute mich. Nun konnte ich richtig deutsch lernen. Nun war die Welt für mich wieder offen.

An einem wunderschönen Sommermorgen im Juni verabschiedete ich mich zuhause von meinem Vater. Von meinen Geschwistern war niemand zu sehen. Sie gingen ihre eigenen Wege, und ich wusste, dass sie mich nicht vermissen würden. Meine Mutter begleitete mich zum Bahnhof. Ihr fiel es schwer mich loszulassen. Ich glaube, sie fühlte damals besser wie ich, dass dieser Abschied tiefer in unser Leben einschnitt, als die Abschiede der vergangenen Jahre.

Ich fuhr mit dem Zug nach Turku und von dort weiter mit dem Fährschiff nach Stockholm. Dort blieb ich einen Tag lang und besuchte meine schwedischen Freunde, Tant Greta und Farbror Ivan. Am nächsten Abend stieg ich in den Schnellzug nach Kopenhagen, wo ich am anderen Morgen ankam. Weiter ging die Reise mit Zug und Schiff nach Hamburg, und von dort aus weiter mit dem Zug nach Stuttgart. Müde und erschöpft kam ich in der fremden Stadt an. Meine erste Nacht verbrachte ich im »Hotel unterm Marktplatz«, einem ehemaligen Bunker aus dem Zweiten Weltkrieg, der zum Hotel umgebaut worden war. Ich war froh wieder ein richtiges Bett zu haben und schlief tief und lang, denn ohne das elektrische Licht der Nachttischlampe war es auch tagsüber stockdunkel in meinem Zimmer.

Ich wusste ja noch nicht viel über Deutschland, außer vom Geschichtsunterricht im Gymnasium, wo wir über Karl den Großen und die anderen Kaiser lernen mussten. Und jetzt war ich da, und ich fühlte mich in Stuttgart von Anfang an wohl. Es war warm, im Schlossgarten blühten die Rosen und man konnte unter den herrlichen Kastanienbäumen im Park sitzen. Aber die Folgen des Weltkriegs waren noch überall zu sehen. Vom neuen Schloss stand nur noch ein Teil der Fassade, dahinter war ein großer Steinhaufen. Überall sah man Ruinen. Auf der Königstraße fuhr noch die Straßenbahn.

In den Sprachkursen an der Technischen Hochschule nahmen junge Leute aus über 50 Ländern der Welt teil und ich lernte gleich nette Leute kennen. Ich wohnte in einem Mädchenwohnheim in der Moserstraße, nur ein paar Stufen oberhalb vom Hauptbahnhof. So konnte ich zu Fuß durch die City zur TH laufen. Zusammen mit vier anderen Mädchen teilten wir uns ein Zimmer. Zu unserer Gruppe gehörte Mira aus Jugoslawien, Edith die Schweizerin, Winnie aus Indonesien, ein deutsches Mädchen und ich. Im Sprachkurs lernten wir nicht nur Deutsch, sondern wir machten auch viele Exkursionen, zum Beispiel nach Ulm zur Besichtigung des Ulmer Münsters, nach Maulbronn zum Besuch des Klosters und natürlich nach Heidelberg zum Schloss. So lernte ich die wunderschönen Landschaften Süddeutschlands kennen.

Nach Abschluss des Kurses konnte ich schon genug deutsch, um eine Praktikantenstelle anzutreten. Ich arbeitete beim KOSMOS-

Verlag. Dort half ich beim Versand der KOSMOS-Zeitschriften und in der Verlagsbibliothek. Ich wurde auch dort freundlich aufgenommen und bekam die ersten deutschen Freundinnen. Sie waren sehr hilfsbereit und erleichterten mir das Zurechtfinden im Alltag. Während des ganzen Winterhalbjahrs arbeite ich im KOSMOS-Verlag.

Unermüdlich lernte ich deutsch. Ich hatte einen kleinen deutschen Taschenkalender. Darin notierte ich mir allerlei Weisheiten und Dummheiten, die ich von meinen Freundinnen gehört hatte.

»Allen Leuten Recht getan,
ist eine Kunst die niemand kann.

Wer angibt hat mer vom Leben.

Das Mädchen, das pfeift und das Huhn wo kräht,
den gehört miteinander der Hals umgeträt.

Erste Liebe kommt von Herzen,
zweite brennt nicht mehr so heiß.
O wie glücklig jedes Mädchen,
das von keine Liebe weiß.«

Ein Irrlicht dieser Zeit

Im Frühjahr 1959 hatte ich am Wagenburg-Gymnasium in Stuttgart das Abitur bestanden. Bei der Schlussfeier am 20. März wurde die Kantate von Friedrich Zipp »Heute tut sich auf das Tor« aufgeführt. Der Chor sang nach Worten von Hermann Claudius:

Heute tut sich auf das Tor
euch in alle Erdenweiten.
Habet Mut hinauszuschreiten,
euren Weg euch zu bereiten,
wie ihn euer Herz erkor!

Allgewaltig gärt die Zeit,
will von Grund sich neu gestalten.
In dem Wirbel der Gewalten
Sucht euch selber zu erhalten,
Leib und Seele tatbereit!

Ich spielte zum letzten Mal im Schulorchester mit. Unter den Eltern im Saal saßen auch meine Mutter und meine Großmutter und hörten ergriffen zu. Danach wurden wir vom Schulleiter verabschiedet und wir bekamen unsere Zeugnisse.

Meine Mutter hatte es möglich gemacht, dass ich als erstes Glied unserer Familie eine höhere Schulbildung erhielt. Ich war freigestellt von einem frühzeitigen Eintritt ins Berufsleben und sollte nun studieren.

Zum Sommersemester 1959 habe ich mich als Student an der Eberhard-Karls-Universität in Tübingen eingeschrieben. Ich war bald 19 Jahre alt und sollte nun zum ersten Mal ein selbstständiges Leben führen. Plötzlich war ich frei von dem einfachen, aber streng geordneten Leben im Alltag unserer kleinen und kleinbürgerlichen Familie, die mich wohl behütet hatte. Gleichzeitig mit dem Auszug aus meiner Familie wurde ich auch getrennt von den Schulkameraden und von den Freunden und Freundinnen, mit denen ich so oft zusammen musiziert hatte.

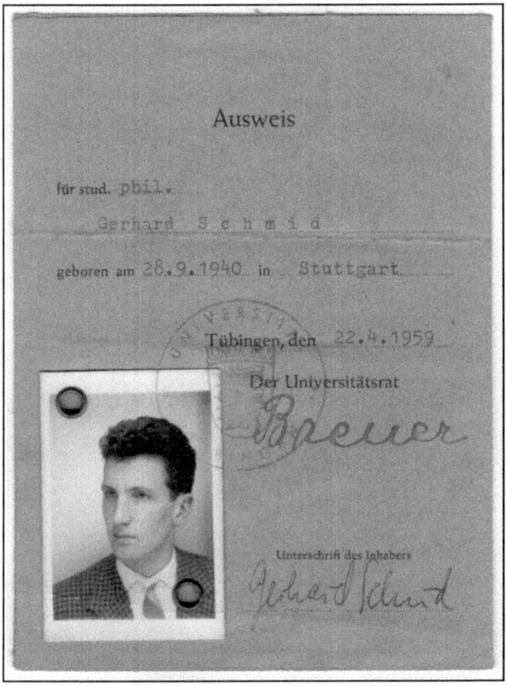
Ausweis
für stud. phil.
Gerhard Schmid
geboren am 28.9.1940 in Stuttgart
Tübingen, den 22.4.1959
Der Universitätsrat
Breuer
Unterschrift des Inhabers
Gerhard Schmid

Gerhard Schmid, frischgebackener Student

Man mietete für mich in Tübingen-Lustnau ein kleines, sehr einfaches Zimmer in einem alten Häuschen, das mitten in einer Gärtnerei gelegen war. Dort wohnte ich bei einer alten, fleißigen Gärtnersfrau.

Es fiel mir schwer, in meinem Leben eine neue, sinnvolle Ordnung zu finden. Die überfüllten Hörsäle, das Gedränge in den Seminaren, das freizügige sommerliche Treiben der vielen jungen Leute überall in der engen Altstadt, in der Mensa, am Neckarufer und nachts in den Kneipen – all das machte den schüchternen jungen Mann unsicher.

Ich zog mich auf mich selbst zurück und spielte Telemanns Fantasien für Solovioline. Unter dem offenen Fenster saß ich auf dem Boden und machte Yoga-Übungen. Ich aß Müsli mit frisch geriebenem, rohem Apfelmus. Die Rohkostreibe hing an einem Nagel vor dem Fenster. Daneben an einem zweiten Nagel mein Waschhandschuh. Badezimmer gab's keines, nur ein kleines Waschbecken unter der Dachschräge im Klo.

Ich begann mit dem Studium der Germanistik und der deutschen Literatur. Daneben gab es aber vieles, was mich fast noch mehr interessierte: die Anfänge der Philosophie bei den Griechen, die Existenzialphilosophie, die Pädagogik, die Theologie, der Buddhismus. Ich lernte Spanisch und machte einen Sprachkurs in Altgriechisch. All dies ohne klare Vorstellungen vom wissenschaftlichen Arbeiten und von den Zielen meines Studiums.

Mit Begeisterung las ich die 300 Jahre alten Gedichte des Andreas Gryphius. Über meinem Tisch an der Wand hing ein Zettel mit diesen Zeilen:

Menschliches Elende

Was sind wir Menschen doch?
Ein Wohnhaus grimmer Schmerzen,
Ein Ball des falschen Glücks,
ein Irrlicht dieser Zeit,
Ein Schauplatz herber Angst,
besetzt mit scharfem Leid,
Ein bald verschmelzter Schnee
und abgebrannte Kerzen.

Städtische Spar- und Girokasse Stuttgart

Fräulein Eevi Nurminen hatte ihr Praktikum beim KOSMOS-Verlag beendet und hatte nun einen festen Job als Angestellte bei der Städtischen Spar- und Girokasse in Stuttgart. Sie arbeitete in der Hauptgeschäftsstelle in der Königstraße. Am 1. Juni 1959 fing sie dort an.

Inzwischen hatte sie auch ein privates Zimmer gemietet. Sie wohnte in der Pischekstraße oberhalb der Gänsheide, in einer der besten Halbhöhenlagen Stuttgarts. Am Eingang zum Haus fuhr die Straßenbahn vorbei, und bis zur Stadtmitte waren es mit der Bahn nur ein paar Minuten. Fräulein Nurminen wohnte bei einer älteren Dame in einer alten Villa, wo sie im Untergeschoss ein Zimmer mit eigenem Eingang durch den Garten hatte. Von dort aus hatte man einen herrlichen Blick über die ganze Innenstadt.

Gerhards Onkel Günther arbeitete auch bei der Girokasse. Er verschaffte dem jungen Herrn Schmid einen Ferienjob bei der Hauptkasse in der Königstraße. Am Montag, 3. August 1959 fing er an. Täglich vormittags und nachmittags fuhr er mit dem Geldtransporter der Bank zu allen Zweigstellen im ganzen Stadtgebiet. Wenn dazwischen noch Zeit war, musste er in der Registratur helfen. Damals wurden alle Belege noch von Hand oder mit der Schreibmaschine auf Papier geschrieben, und sie mussten in der Registratur sortiert und aufbewahrt werden.

In der Woche vom 9. bis 15. August schrieb Eevi in ihren Taschenkalender:

> *Die Zeit bei der Arbeit vergeht nett und unterhaltsam. Wir haben einen sehr netten und unterhaltsamen Studenten, den Modejournalist Emmerich und einen Philologiestudent Schmid. Wir haben viel Spaß miteinander.*

Fräulein Nurminen und Herr Schmid begegneten sich täglich in der Girokasse. In der Mittagspause gingen sie gelegentlich miteinander in die Kantine zum Mittagessen und machten an sommerlich warmen Tagen miteinander kleine Spaziergänge am Schlossplatz und im Schlossgarten, vielleicht auch mal Hand in Hand.

Dann gingen die beiden zum ersten Mal miteinander aus. Und das kam so: Die Städtische Sparkasse Stuttgart war im Jahr 1884 gegründet worden und feierte am 5. September 1959 das 75. Firmenjubiläum. Alle Angestellten waren zu einer prunkvollen Jubiläumsfeier in die neu erbaute Liederhalle eingeladen. Die Liederhalle war damals erst drei Jahre alt, ein supermodernes Gebäude. Heute gilt sie als eines der wichtigsten Kulturbauwerke der Nachkriegszeit in Deutschland. Jeder hatte ein Gutscheinheft mit einer Eintrittskarte und Gutscheinen für Speisen und Getränke erhalten. Verschiedene Musikkapellen spielten zur Unterhaltung. Fräulein Nurminen und Herr Schmid verbrachten miteinander traumhafte Stunden im schönsten und vornehmsten Festsaal, den die Stadt Stuttgart zu bieten hatte.

Am Abend begleitete der Herr seine Dame nach Hause. Sie fuhren mit der Straßenbahn hinauf zur Pischekstraße, er geleitete sie noch bis zu ihrem Eingang am Haus. An diesem warmen Sommerabend bot das Lichtermeer der Stadt einen besonders bezaubernden Anblick. Er dankte seiner Dame für das schöne Fest und verabschiedete sich von ihr mit einem ganz vorsichtigen Wangenküsschen. Das gehörte sich so.

Der Herbststrauß

Im Wintersemester studierte ich an der Eberhard-Karls-Universität in Tübingen die Oden und Elegien Klopstocks, ich machte lateinische Stilübungen und einen Intensivkurs in Altgriechisch. Aber alles wurde nichts.

In meiner Studentenbude stand neben der Tür ein kleiner eiserner Ofen, daneben eine Kiste mit Brennholz und ein Kohlenfüller. Meistens war es kalt in meiner Bude. Ich war 19 Jahre alt. Woher sollte Licht und Wärme in mein trübseliges Leben kommen?

Aus Eevis Kalender:

Sonntag, 27. September 1959

Ich friere immer. Das Geld ist wieder zu Ende und es geht mir schlecht.

Donnerstag, 1. Oktober 1959

Ich habe schlecht geschlafen.

Freitag, 2. Oktober 1959

Eine Überraschung: Herr Schmid brachte mir einen wunderschönen Herbststrauß mit bunten Blättern aus dem Wald und hellblauen Astern. Wir sind im Wald bei der Geroksruhe spazieren gewesen. Heute lacht das Leben wieder.

Bei diesem Spaziergang im herbstlich leuchtenden Wald ergab es sich, dass wir uns zum ersten Mal küssten. Es war ein verstohlener Kuss, bei dem sich unsere Lippen nur zärtlich berührten. Danach sagten Herr Schmid und Fräulein Nurminen zum ersten Mal Du zueinander.

Auf dem Heimweg hinunter nach Gablenberg schwebte ich auf einer Wolke von Glückseligkeit. Die Engel spielten Bachs Brandenburgisches Konzert in D-Dur, und ich pfiff die erste Violine dazu.

10 Uhr abends

Wir konnten uns nur an den Wochenenden treffen. An schönen, warmen Herbsttagen machten wir miteinander weite Spaziergänge auf den Höhen rund um Stuttgart.

Ich nahm Eevi mit nach Hause und stellte sie meiner Mutter und meiner Großmutter vor. Man nahm sie freundlich auf, lud sie am Sonntag zum Mittagessen ein und kümmerte sich um sie. Aber eigentlich wusste man nicht so recht, wie man mit uns Beiden umgehen sollte.

Sollte man die aufkeimende Liebe zwischen uns Beiden schützen und fördern? Das tat die Großmutter. Sie hatte das zarte finnische Mädchen bald in ihr Herz geschlossen und freute sich an unserer jungen Liebe.

Man musste aber unser Verhältnis irgendwie in die Schranken verweisen, damit es keinen Anstoß erregte. Das versuchte meine Mutter. Unter vier Augen erklärte sie mir, dass der Beischlaf mit einer jungen Frau, wenn man nicht verheiratet ist, Unzucht sei. Unzucht, mein liebes Kind, verstößt gegen die Sitten und den Anstand. Und wenn das in unserer Wohnung passiert, dann mache ich mich auch noch strafbar wegen Kuppelei. Also spätestens um 10 Uhr abends musst du Fräulein Eevi nach Hause bringen, und jetzt im Herbst, wenn es wieder früher dunkel wird, lieber auch schon früher. Denn wir wollen uns doch nicht den kritischen Blicken unserer Hausbewohner und Nachbarn aussetzen. Was nach 10 Uhr abends geschieht, ist möglicherweise unmoralisch. Ich kann doch nicht vor euch hinsitzen und aufpassen, was ihr macht.

Wir hatten aber gar keinen Sex miteinander. Davor hatten wir Angst, weil wir nicht wussten, was dabei mit uns geschehen würde. Wir waren ahnungslos und ohne jegliche Erfahrung. Die Entdeckung der körperlichen Liebe war für uns ein Abenteuer, gefährlich und doch so ungeheuer faszinierend. Es blieb bei Küssen und zärtlichen Berührungen, mehr war nicht erlaubt.

Das Licht unserer Tage

Dezember 1959, in der dunkelsten Zeit des Jahres. Wir kauften uns in der »Schatzinsel«, einem teuren Ladengeschäft für fernöstliche Kulturgegenstände, eine japanische Teekanne mit einem Stövchen aus rotbraun gebranntem Ton, dazu zwei kleine Trinkschalen. Dann übten wir uns in der Kunst der japanischen Teezeremonie. An den langen Winterabenden saßen wir in Eevis Zimmer viele Stunden lang beim Kerzenschein beieinander und tranken Tee. Der Wasserkessel auf dem Ofen summte leise, und wir fühlten uns getragen von der Harmonie der Lebenskräfte, die in uns am Werk waren.

Manches Mal betete Eevi. Dann sprach sie finnisch. Auch wenn ich ihre Worte nicht verstand, so spürte ich doch, wie intensiv ihr Gebet wirkte. Eevi hatte immer schon einen frommen Glauben, den sie von ihrer Mutter gelernt hatte und der sie durchs Leben trug. Nun hielt auch ich zum ersten Mal in meinem Leben Zwiesprache mit Gott. In einem Antiquariat in der Altstadt fand ich ein zerfleddertes Büchlein mit Luthers Katechismus und Gebeten für alle möglichen Anlässe. Darin war auch ein altes Gebet für den Freund, den man liebt. Ich machte daraus einen Text, der für unsere Situation passte, und schenkte dieses Gebet zu Weihnachten meiner geliebten Eevi. Eevi hat es am Christtag ins Finnische übersetzt. In glücklichen und leidvollen Stunden haben wir unsere Hände ineinander gefaltet und so miteinander gebetet, mal auf deutsch und mal auf finnisch.

O gütiger Gott!

Welch ein Segen ist es nicht für mich
unter den Menschen einen zu wissen,
der mich herzlich und treulich liebt,
der Freude und Leid mit mir teilt,
dem ich alles sagen kann,
den ich lieben und achten muss!
Erhalte ihn mir, o Gott,

zu meiner Veredelung,
erhalte Du ihn mir,
diesen Freund meines Herzens!

Erleichtere Du ihm jede Pflicht,
befestige Du die Säulen seines Glaubens,
stärke Du ihn in der Kraft Deiner Stärke,
lass ihn fromm und tugendhaft sein
und bleiben!

Vom Irrtum halte ihn ferne, o Gott,
und gib mir Einsicht und Licht
sanft ihn zu warnen,
wenn er auf Abwege sollte geraten!

Erhalte ihn mir, o Gott,
wenn ich auch strauchle,
und wie leicht falle ich
schwacher Sterblicher,
so führe Deine Vaterliebe ihn
meinem Herzen nahe,
damit er mir seine Hand reiche
und mich wieder zu Dir zurückführe!

Ferne sei von ihm wie von mir
Schmeichelei,
lass mich und ihn redlich, offen
und frei sein!
Lass uns die Freude genießen
und nicht verschmähen das Leid,
und gib uns Weisheit, o Gott,
das Licht unserer Tage
würdig zu brauchen!
Amen.

Unter der Sonne

Wo der Gipfel des Berges in den Himmel sich hebt,
Wo der Strahlenkranz der Sonne hinter der Goldwolke
verschwindet,
Wo die offene See unbändig streitet mit dem Sturm,

Wo der fernste Bruch in Stille träumt,
Wo das Ufer des Waldteichs im Schweigen liegt,
Wo im Gezweig Vöglein muntere Lieder singen:

Unter der Sonne und im Goldglitzern tausender Sterne
Ist die Natur
Der Machtkreis und die Erfüllung der großen Träume.

Wer des Wanderers erhabenes Schicksal kennt,
Der trägt das Leid
Und guten Muts geht er vorwärts den Pfad.

Nach der Höhe hin hebt sich sein Sinn,
Und das Gefühl im Kosmos zu leben
Verschafft dem Menschen erhabene Haltung.

Unter der Sonne und im Goldglitzern tausender Sterne
Ist die Natur
Der Machtkreis und die Erfüllung der großen Träume.

Mein erstes Gedicht für Eevi
4. März 1960, Gerhard

Hindelang

Über die Osterfeiertage des Jahres 1960 machten wir miteinander einen Ausflug in die Allgäuer Alpen nach Hindelang. Eevi schrieb von Hindelang aus eine Postkarte an ihre Familie in Finnland.

Liebe Mutter und alle anderen zu Hause!

Wir senden Ostergrüße hier aus dem Gebirge, wo wir die Feiertage verbringen. Wir sind am Karfreitag hier angekommen und heute müssen wir wieder zurück in die Stadt reisen. Wir haben lange Spaziergänge gemacht und gestern haben wir sogar 20 km gewandert.

Herzliche Grüße
Eevi Kaarina und Gerhard

Wir übernachteten in Hindelang in einer kleinen Pension und hatten, wie sich das so gehörte, jeder ein Einzelzimmer für sich. Am letzten Abend war ich noch in Eevis Zimmer. Wir saßen nebeneinander auf Eevis Bettkante und wollten eigentlich nur eine Grapefruit essen. Ich schälte die Frucht und wollte Eevi davon zu essen geben. Eevi lehnte ihren Kopf an meine Schulter. Da legte ich die Grapefruit auf die Heizung. Wir küssten und liebkosten uns.

Über Eevis Bett hing ein Bildnis von Jesus, wie er in einem weiten, weißen, wallenden Gewand über den Wassern schwebte. Er schaute von oben auf uns herab. Es gab aber gar nichts zu sehen. Wir versteckten uns unter der Bettdecke und hatten Angst davor, uns ganz auszuziehen. Wir verbrachten die ganze Nacht mit Küssen und Liebkosungen, aber wir hatten keinen richtigen Sex miteinander.

Am anderen Morgen war die Grapefruit, die auf der Heizung liegen geblieben war, verschrumpelt und ausgetrocknet.

Der Bohnenkaffee war schwarz, und das Frühstück schmeckte uns nicht. Der Tag war grau, und wir wussten nicht warum.

Hindelang in den Allgäuer Alpen, 1960

Unterwegs

Die Geisteswissenschaften an der Uni Tübingen boten so vielerlei an interessanten Studienbereichen wie der Alte Botanische Garten an Gewächsen. Ich wandelte gerne umher zwischen den einheimischen Pflanzen im Garten und den exotischen Gewächsen im Palmenhaus. Und ich wandte mich mit Interesse verschiedenen Themen der Philosophie zu: der Erkenntnislehre, den Anfängen der Philosophie bei den alten Griechen und der modernen Existenzialphilosophie. Die Germanistik wurde dabei immer mehr zu einer erfolglosen Nebenbeschäftigung. Ich schaffte es nicht irgendwelche Prüfungen abzulegen.

Meine Mutter machte sich Sorgen, weil ich von meinem Studium keine Erfolge mit nach Hause brachte. Aber helfen konnte mir niemand. Ich fühlte mich schuldig, weil ich sah, dass ich die Erwartungen, die man in mich gesetzt hatte, nicht erfüllen konnte.

An den Wochenenden fuhr ich nach Stuttgart, aber ich war mehr mit Eevi zusammen als zuhause. Wir machten große Spaziergänge auf den Höhen in der Umgebung Stuttgarts. Einmal, als wir mit der Straßenbahn nach Hause fuhren, saßen wir uns gegenüber. Wir sprachen nichts, aber unsere Blicke ruhten ineinander. Da nahm Eevi ihren Fahrschein und schrieb auf die Rückseite eine Notiz. Schweigend gab sie mir den Zettel:

Ich bin so verliebt
daß ich nicht mehr
reden kann. Ich kann
auch nicht in die Augen
sehen. Denn brennt es sehr.

Diese Stunden des Zusammenseins mit meiner geliebten Eevi, das waren die Lichtblicke in meinem Leben.

Mein Schulkamerad und Freund Siegmar hatte zum bestandenen Abitur von seinem Vater einen neuen, blauen VW-Käfer mit Schiebedach geschenkt bekommen. Mit Auto und Zelt machten wir im Sommer 1960 eine große Reise durch Frankreich, Spanien und Portugal. Dabei entdeckten wir die Freiheit und Leichtigkeit des luxuriösen Unterwegsseins. Ich schrieb viele Postkarten an Eevi. Einige Beispiele:

Paris, 4. August 1960

Liebste Evi!
Das Leben ist ein Straßenbummel. Ich denke an Dich.
Auf Wiedersehen!
Dein Gerhard

Porto Ribeira, 12. August 1960

Liebste Evi!
So flüchtig wie dieser kleine Gruß ist unser Leben:
Immer unterwegs, was morgen ist, ist erst morgen wichtig.
Ich denke an Dich. Tausend herzliche Grüße
Dein Gerhard

Lissabon, Rossio à noite, 14. August 1960

Liebste Evi!
Meine Verehrung, einen Kuß
und tausend herzliche Grüße aus der Ferne
Dein Gerhard

Während die beiden Freunde auf der Iberischen Halbinsel unterwegs waren, schrieb Eevi ein Tagebuch in Briefform an Gerhard, ihren Freund und Geliebten:

Samstag, 6. August 1960

Liebster Gerhard,
heute ist es eine Jahre, seit wir uns gekannt haben. Es ist ein ganz langes Jahr, trotzdem aber kurz. Es ist mein schönsten Jahre und mein glücklichsten Zeit gewesen. Du hast mich für das Leben gerettet. Ich brauche nicht schreiben. Wir wissen beide, was für eine Bedeutung es ist, dass wir einanderen haben. Ich liege in meinem Bett und das Fenster steht offen. Ich bin glücklich. Die Zeit geht so

schnell. Hoffentlich wird sie uns noch viele schöne Stunden geben. Ich liebe dich. Es ist schön, wenn du da neben mich bist, so ruhig … Gute Nacht, mein Gerhard.

Sonntag, 7. August 1960

Heute war ich den ganzen Tag bei deiner Mutter und Großmutter. Ich war sehr fleißig vormittags und Mutter und Ome auch. Vormittags hatte ich noch viel an dich gedacht und der Mutter erzählt, wie es im Anfang war mit uns. Am Abend war ich wieder um 9 Uhr im Bett.

Mittwoch, 17. August 1960

Ich bin immer schlapp und müde. Nun muß ich wieder schlafen, daß ich etwas frischer bin wenigstens morgen früh. Mein Leben: arbeiten, essen, schlafen – und leiden. Guter Gott, gib mir wenigstens einige schöne Tage.
Ich möchte dir sehr lieb sein, wenn du da bist. Hoffentlich kann ich es. Gute Nacht, schlafe gut. Ich versuche auch zu schlafen …

Sonntag, 4. September 1960

Liebster Gerhard,
ich danke Dir recht herzlich für die alle schönen Karten, die mich sehr gefreut haben. Die Zeit ist schnell gegangen, fünf ganze Wochen, daß ich Dich nicht gesehen habe. Ich freue mich, daß Du es schön gehabt hast und wünsche noch recht schöne Zeit, bis Du wieder daheim bist.

Heute Nacht habe ich in Deinem Bett geschlafen, neben dem Schlafzimmer der Mutter, und habe das Bett für Dich warm gemacht. Ich bin öfters da Heim bei der Großmutter und Mutter. Vor vierzehn Tage hatte ich eine wunderbare Wochenende am Bodensee mit unsere beide Lieben verbracht. Dort habe ich diesen Glücksklee gefunden und für Dich aufgehoben. Es soll Dir Glück bringen.
Alles Gute an euch Beide und gute Fahrt nach Hause.
Dir, liebster Gerhard eine Kuß und Gruß
von Deine Eevi.

Diphyllobothriasis

Ich war damals sehr schlank. Ich aß wenig, oft war ich müde und fühlte mich schwach und elend. Manches Mal hatte ich Leibschmerzen und mir wurde schwindelig. Über Jahre hinweg hatte ich gelernt mit diesem Zustand zu leben. Ich besuchte mal den Hausarzt, mal den Frauenarzt, mal den Internisten und immer wieder wurde eine andere Diagnose gestellt. Mal bekam ich Tabletten verordnet, mal Tropfen, mal eine Spritze. Aber mein Zustand änderte sich nicht. Im September 1960 ging es mir so schlecht, dass ich nicht mehr meiner gewohnten Arbeit bei der Bank nachgehen konnte. Ich wurde zu einer gründlichen Untersuchung ins Krankenhaus geschickt. Nur für ein paar Tage.

Einer der behandelnden Ärzte interessierte sich für meine Herkunft aus Finnland. Ja, erklärte ich ihm, meine Heimatstadt sei Mikkeli, mitten im Seengebiet Mittelfinnlands. Ob ich denn gerne Fisch esse. Ja, mein Vater lege im Sommer immer Reusen in seinem See aus. Da bringe er dann auch mal einen Hecht mit nach Hause. Eine Hechtsuppe mit jungen Kartoffeln vom Feld und frischem Gemüse vom Garten, das sei was Feines! Da hatte der Doktor eine Idee. Ob ich denn auch schon mal den Fisch roh gegessen habe. Ja, sagte ich, aber selten, das sei dann ein ganz besonderer Leckerbissen. Der Hecht werde mit Pfeffer- und Wacholderbeeren in Salzlake eingelegt, so ähnlich wie der Salzhering, und dann mit frischem Dill serviert. Dazu trinke man Bier und finnischen Wodka.

Der rohe Fisch hatte das medizinische Interesse des Arztes geweckt, und wenige Tage später schwamm ein präparierter Fischbandwurm in einem Glaszylinder, gefüllt mit Formalin. Wie ein fingerdickes, weißes Seil, mehrere Meter lang kringelte er sich in dem Glas. Auf dem Etikett stand sein wissenschaftlicher Name:

Diphyllobothrium latum

Für die Ärzte war es eine Seltenheit. Mit dem rohen Fischfleisch hatte ich irgendwann einmal den Parasiten in Form einer kleinen, würmchenartigen Larve gegessen. Daraus entwickelte sich im Darm der Bandwurm. Wenn der sich erst mal im Darm eingenistet hat, dann wächst er und wächst wie ein Monster, jeden Tag 10 bis 15 Zentimeter. Er kann über 10 Meter lang werden. Der Diphyllobothrium hatte vielleicht schon zehn Jahre lang oder länger in meinem Darm existiert, unbemerkt und unsichtbar. Er hat sich von mir mit Nährstoffen und Vitaminen versorgen lassen, so dass ich im Laufe der Zeit immer schwächer geworden bin. Diese Krankheit ist die Diphyllobothriasis.

Nachdem der Wurm tot im Glaszylinder schwamm, ging es mir allmählich besser, aber meine Genesung dauerte lange. Vier Wochen lang war ich im Krankenhaus. Am 28. September hatte Gerhard seinen zwanzigsten Geburtstag. Zusammen mit seiner Mutter besuchten sie mich. Er brachte mir einen Strauß bunter Herbstblätter mit Gräsern. Die Mutter ein Usambaraveilchen im Tontopf. An diesem Abend schrieb ich in mein Tagebuch:

> *Lieber Gerhard!*
> *Alle Nachtlampen sind eine nach der anderen ausgegangen. Meine Lampe leuchtet aber noch. Ich bin immer noch wach. Ich kann nicht schlafen. Der schöne Strauß von Dir steht auf dem Nachttisch, die Veilchen von der Mutter da neben, der Wecker, die zeigt halb 10 Uhr.*
> *Ich denke an dich. Ich spüre, wie mein Herz schlägt, es schlägt für dich. In einem Jahr bist du viel verändert. Ich auch. Ich möchte die Licht ausmachen, im Dunkel könnte ich auch an dich denken und einschlafen. Dann sehe ich aber nicht die roten Blätter von dem Eichenzweig und die Gräser, die sehen vergoldet aus gegen den dunklen Hintergrund, und die Hagebutten, die so rot sind wie Blutdröpchen. Große, schöne Blutdröpchen. In denen sehe ich viel Liebe.*
> *Lieber Gerhard, ich habe ein Gefühl, daß Du wärest da bei mir, ganz nahe. Ich tue die Augen zu, und es ist schön.*
> *Gute Nacht!*
> *Deine Eevi Kaarina*

Hopfen am See

Nach meiner Behandlung im Krankenhaus wurde ich zu einer vierwöchigen Kur ins Allgäu geschickt. Ich war in einem Kneippkurheim in Hopfen am See. Zwischen den Kuranwendungen hatte ich viel Zeit für mich und ich schrieb Briefe an meinen geliebten Freund.

11. Oktober 1960

Mein lieber Gerhard!
Grünes Gras, grüne Wiesen, gelbe Birken, schneebedeckte Berge, auf denen die Sonne strahlt, blaugraue Luft, der Himmel teilweise klar blau, weiße Wolken, graue Wolken und beinahe schwarze Wolken. Der Wind macht in den Bäumen Musik. Es lockt sehr ins Natur hinaus.
Ich habe ein sehr schönen Zimmer, modern mit Glastür direkt ins Garten, da ich morgens früh zum Taulaufen gehen muss. Heute früh war ich um sechs Uhr draußen, im Schlafanzug barfuß im Gras. Es war Sonnenaufgang. Irgendwo hörte ich die Glocken von der Kühe. Langweilig wird es mir nicht. Ich habe ein Programm vom Arzt für jeden Tag: verschiedene Bäder, Luftbad, Gymnastik, rudern, schwimmen, wandern, schlafen. Heute habe ich sogar im See gebadet, obwohl es ziemlich kühl war.
Hier ist es herrlich zu wandern. Gestern waren wir drei Stunden weg. Ich habe sogar echte Enziane gefunden. Aber die Leute, mit denen ich gelaufen bin, waren so langweilig. Sie reden immer nur von Krankheiten oder Essen oder andere blöde Sachen, und ich muss sagen, dass ich lieber ganz allein sein will. Auf dem Rückweg waren wir in Hopfen in einer ganz alten Kirche, und da waren zwei Nonnen. Die eine hatte für uns gesungen, und danach kriegten wir alle eine kleine Andenken von ihr. Da betete ich in der Kirche auch für Dich.
Heute wartete ich Post von dir. Wie es dir geht, möchte ich wissen. Ich weiß, du schreibst nicht gern. Aber weil ich für dich gehöre und du für mich, möchte ich doch wissen, wie es dir geht. In den letzten Tagen habe ich gemerkt, dass ich nur für dich gehöre, und Du

für mich. Ich bin glücklig. Gerhard, du musst mich bald besuchen. Ich kann kaum lesen, weil ich immer an Dich denke. Überall bist du bei mir.
Liebling, ich wünsche dir alles Gute. Und ich denke an deine Prüfung. Es geht bestimmt gut.
Liebe, liebe Grüße und tausende Küsse
Von Deine Eevi Kaarina

Auch Gerhards Mutter und Großmutter bekamen von mir Postkartengrüße und sie bedankten sich, wie es sich gehörte. Sie sagten immer noch Sie zu mir, aber sie waren trotzdem immer nett zu mir.

Liebe Evi,
haben Sie Dank für Ihre liebe Karte. Es hat uns sehr gefreut, dass es Ihnen gut geht. Für Ihren weiteren Aufenthalt wünschen wir Ihnen alles Liebe und Gute.
Ome, Mutter und Fam. Stegmaier

Bis ich mal von meinem geliebten Gerhard Post bekam, ach, das dauerte lange.

Finnisch für Anfänger

Ich begann an der Uni in Tübingen nun schon das vierte Semester, das Wintersemester 1960/61 als Student der Philosophie. Ich schöpfte voller Zuversicht aus dem Vollen und belegte ganz verschiedene Vorlesungen und Seminare:

Die Anfänge der Philosophie bei den Griechen
Die Metaphysik des Aristoteles
Der Buddhismus in Indien
Tod, Jenseits und Unsterblichkeit
Die Philosophie des deutschen Idealismus
Zeitgenössische deutsche Literatur

Große Themen. Ein Studium der Philosophie, das nach allen Seiten offen war. Alles war mir wichtig, aber nichts wurde etwas. Ich hatte keine klare Zielsetzung und machte keine einzige Prüfung.

Wäre da nicht ein Gastdozent aus Finnland gewesen, der einen Intensivkurs *Finnisch für Anfänger* angeboten hat. Professor Pentti Tilvis wurde bei meiner Fahrt durch das aufgewühlte Meer der Philosophie zum Steuermann meines Bootes. Bei ihm war ich mit großem Eifer bei der Sache und lernte Sprachstrukturen kennen, die mit den indoeuropäischen Sprachen nichts gemeinsam hatten. In der finnischen Sprache eröffnete sich mir eine ungeahnte Weite des Denkens und ein neues Verständnis von Raum und Zeit in der Sprache.

Und meine geliebte Eevi war die Botin jener fremden Worte und jener fremden Welt. So wuchs in mir die Sehnsucht, die finnische Landschaft, ihre Menschen und ihre Kultur kennenzulernen.

Eevi freute sich, dass ich allmählich schon den einen oder anderen Satz auf finnisch sagen konnte, die Konjugation der finnischen Verben lernte.

Zuhause sagte ich nichts. Man sollte weiterhin hoffen, dass der junge Student sich langsam aber sicher den Anforderungen der Lehramtsprüfungen annähern würde.

Herbsttage

Die Herbsttage ohne Eevi waren oft schwer zu ertragen. In meiner Studentenbude überfielen mich große Trauer und Leere.

Gedanken über den Anfang

Gegen Morgen ging ich hinaus.
Der Himmel lag noch bei der Erde.
Im Gras war Tau.
In der Ferne Goldwolke und Morgenrot.
Dorthin ging ich!
Der Tag war grau.
Am Abend sah ich die Sonne untergehn.

Meiner lieben Eevi, Mittwoch, 12. Oktober 1960

Heute Nacht sind alle Blumen im Garten erfroren. Sie sind braun wie die Erde.

Vor meinem Fenster pfeift ein einsamer Vogel. Man hört die Autos vorbeifahren. Die Uhr auf meinem Tisch tickt. Meine Schreibfeder kratzt auf dem Papier.

Heute ist irgendein Tag, irgendeiner. Das Feuer im Ofen ist schon wieder ausgegangen. An meinen Füßen spüre ich die Kälte. Der Wind bläst die letzten Blätter von den Bäumen. Schmetterlinge des Herbstes, am Fenster vorbei torkeln sie und fallen auf die Erde.

Es ist Nachmittag. Ich gehe aus dem Haus. Kaufe eine Zeitung und ein frisches, warmes Brot. Ich wickle das Brot in die Zeitung ein.Es ist kalt draußen.

Am Abend sitze ich noch lange am Fenster und schaue hinaus. Die Straßenbeleuchtung wirft fahles Licht über den Garten. Der Garten ist grau.

14. Oktober 1960

Ich bin

Eine neue Ichbestimmung
Ich bin, was ich geworden bin.
War ich, bevor ich geworden bin?
Gibt es ein Ich, das nicht ist?
Mein Ich ist bestimmt als Subjekt meines Seins.
Oder ist mein Ich bestimmt als Objekt des Seins anderer?

Der Hampelmann, der Hampelmann!
Zieh' an seinem Faden,
Damit er sich bewegen muss,
Es wird ihm schon nicht schaden!

Strample hin und strample her
Mit den Arm' und Beinen!
Lachen ist dein Angesicht,
Holzmann, kannst nicht weinen.

Mit der Ziehharmonika
Machst ein fein' Musike,
wenn ich an dem Faden zieh,
Spielma-

Entwürfe

Ich lausche dem Klang dieses Wortes *Entwürfe*. Ich suche seine Bedeutung in ähnlichen Wortbildungen.

Die *Entschuldigung* nimmt die Schuld weg. Etwas nach langem Suchen offenkundig machen, etwas aufdecken, was lange bedeckt war, das ist eine *Entdeckung*. Etwas aus unendlicher Ferne in eine messbare Distanz herholen, das ist die *Entfernung*. Aber was in der *Entfernung* ist, das ist nicht in meiner Nähe, es ist für mich nicht greifbar.

Meine Gedanken aus mir heraus schreiben und von mir weit weg werfen, das sind *Entwürfe*. In meinen *Entwürfen* ist nichts fertig, nichts endgültig, nichts auf das man bauen kann. In den *Entwürfen* laufen meine Gedanken vor mir weg, sie sind vorläufig und auf der Flucht ins Ungewisse, sie sind flüchtig.

Umarmungen
Entwürfe unserer Zuneigung
Küsse
Entwürfe unserer Liebe
Ach, und NICHTS bleibt

Man muss das SEIN
von seinem Gegenteil her begreifen.

ICH BIN
Entworfen aus NICHTS
Hingeworfen in NICHTS
BIN ICH

Wir haben uns eine Schallplatte gekauft mit Musik des finnischen Komponisten Jean Sibelius. Auf der einen Seite ist die *Finlandia op. 26* eingraviert, auf der anderen Seite die *Lemminkäinen-Suite op. 22*. Unser Lieblingsstück ist Der Schwan von Tuonela. Sibelius‘ Musik beschreibt den heiligen Schwan, der die Toteninsel umschwimmt. Die Musik macht mir Angst, aber wenn wir uns ganz fest umarmen, dann weicht die Angst einem dunklen Gefühl von Wärme.

Im *Schwan von Tuonela* erahne ich das Wesen einer Winterlandschaft an der Küste des Finnischen Meerbusens, wie ich es bisher nur von Fotos kenne. So entstand dieses Gedicht:

Winter an der Küste

Ein Schwan zieht erhabene Bahnen
von kalter Klarheit
im reinen funkelnden Ultramarin.
Möwen jagen weit hinaus
in den eisblauen Himmel.
Eishauch weht über die offene See.
Glitzernde Kristalle umgrenzen
die Unendlichkeit.

16. Dezember 1960, Gerhard

Die Adventslichter

Stuttgart, 28. November 1960

Liebe Mutter, lieber Vater und Schwester Anja!

Nun sind wir wieder in der Adventszeit angekommen, voller Erwartungen auf das Fest des Lichts an Weihnachten. Am Samstagabend war ich wie gewöhnlich bei Gerhard zuhause. Auf dem Tisch im Wohnzimmer war ein hübscher Adventskranz aus Tannenzweigen, geschmückt mit vier Kerzen. Wehmütig wanderten meine Gedanken zu Euch, zum Advent zuhause, zur Weihnacht zuhause.
Beim Herrichten des Nachmittagstees rief Gerhards Mutter: »Kinder, kommt auch zum Tee. Wir zünden die Kerzen an, ich eine, die Großmutter ein, Evi eine und Gerhard eine.«
Beim Anzünden der Kerzen musste ich vor Heimweh weinen. Die Worte Mutter, Vater und Schwester sind mir so liebe Worte, aber ich kann Euch so selten sehen, jetzt in der Advents- und Weihnachtszeit überhaupt nicht. Wie schön wäre es, könnte ich bei Euch sein und dort in der gemütlichen, warmen Stube die Adventslichter anzünden.
Gute Nacht Euch allen und schlaft gut!

Mit herzlichen Adventsgrüßen!

Eure Eevi Kaarina

Die Verlobung

Dezember. An den dunklen Abenden im Advent glühten in Eevis Zimmerchen die Kohlen im Ofen und im Kessel siedete das Wasser. Wir saßen lange beieinander und tranken Tee. Unsere Liebe war still und leuchtend wie das Licht der Kerze auf dem Tisch. Am vierten Advent schrieb Eevi einen Weihnachtsbrief nach Hause.

Stuttgart, 18.12.1960

Heute am letzten Adventssonntag vor dem großen Weihnachtsfest möchte ich Euch, meine liebe Familie dort in der Ferne, herzlich grüßen.

Es ist noch früh am Morgen, die Uhr schlägt sieben und ich schließe das Fenster, weil kalte Luft reinkommt. Nach dem Schneefall in der vergangenen Nacht ist das Land weiß geworden. Der Schnee weckt in mir heimatliche Gefühle von Weihnachten. Auf meinem Tisch stehen abgebrannte Kerzen und in der kleinen Blumenvase blühen Christrosen. Sie erinnern mich an den vergangenen Abend, als Gerhard und ich miteinander unser kleines Vorweihnachtsfest feierten. Meine Gedanken waren hier und dort bei Euch. Weihnachten ist das Fest von der Ankunft Jesu in dieser Welt, das Fest des Friedens, das Fest des Lichts.

Es ist wunderbar, dass wir beide zusammengefunden haben und wir können uns niemals mehr trennen. Wir wollen gemeinsam ein Zuhause bauen, ein Zuhause des Friedens, das auf Licht und Liebe gegründet ist. Bald wird die Zeit kommen, dass wir ein Zeichen unserer Treue annehmen wollen, einen Ring. Wir wollen uns verloben und einen Ring tragen, dass auch die anderen sehen, dass wir beide zusammengehören. Vielleicht im nächsten Jahr. Aber was haltet Ihr denn überhaupt davon, wenn ich mich mit einem Menschen verbinde, den Ihr noch gar nicht persönlich kennt? Vielleicht wäre es möglich, dass wir im kommenden Frühjahr nach Finnland kommen. Das alles ist für uns gar nicht so einfach, weil wir aus verschiedenen Ländern und Kulturen stammen.

In der nächsten Woche gibt es noch viel zu tun. Ich möchte auch einen Weihnachtsbaum holen und ihn schön schmücken. An Weihnachten gehen Gerhard und ich zum ersten Mal miteinander in die Kirche.
Ihr Lieben dort in der Ferne, mitten im kalten Winter, ich denke an Euch alle in Liebe und Wärme und wünsche auch Euch den Segen und den Frieden der Weihnachtszeit.

Eure Eevi Kaarina

Es war kalt und feucht im Stuttgarter Osten. Von den bewaldeten Höhen zogen Nebelschwaden herunter und drückten in die Straßenzüge hinein. Wieder wurde es Weihnachten in der Enge unserer kleinen Familie in Gablenberg. Wieder mal aufräumen in der Wohnung, die Betten frisch überziehen, beim Mezger einen Weihnachtsschinken bestellen, aber nur einen kleinen, einen Weihnachtsbaum kaufen, der auch jedes Jahr teurer wird, und wieder die vielen anderen werktäglichen Verrichtungen erledigen. Bis zum Heiligen Abend musste alles fertig sein.

Fräulein Eevi war natürlich auch wieder eingeladen. Um halb fünf Uhr gingen wir in der Abenddämmerung gemeinsam auf den Friedhof und zündeten auf unserem Familiengrab eine Kerze an. Dann gingen wir nach Hause, aßen gemütlich zu Abend, und danach wurden die Geschenke verteilt. Eevi und ich, wir verabschiedeten uns dann schon früher, so gegen acht Uhr. Man hatte Verständnis dafür, dass wir noch ein paar Stündchen alleine für uns sein wollten.

Am Weihnachtstag entzogen wir uns dem gewohnten häuslichen Ablauf. Eevi und ich gingen miteinander zum Gottesdienst. Der Pfarrer hielt eine Predigt, die uns zu Herzen ging. Dies sei die Botschaft von Weihnachten: Es sei uns die Freiheit geschenkt, das alte Leben hinter uns zu lassen und mit Jesus ein neues Leben zu beginnen. Wir fassten uns an den Händen. Ja, jetzt soll ein neues Leben beginnen! Wir wollen gemeinsam in die Zukunft gehen!

So beschlossen wir also, uns gleich zum Beginn des neuen Jahres zu verloben, und als Zeichen unserer Gemeinsamkeit kauften wir in einem Juweliergeschäft auf der Königstraße Verlobungsringe. An Silvester waren wir um Mitternacht wieder in der Kirche, und danach unter den Lichterkaskaden des Feuerwerks in der Stadt steckten wir uns gegenseitig die Ringe an und küssten uns. Glückselig begannen wir das neue Jahr.

Zum Frühstück am Neujahrsmorgen saßen Mutter, Großmutter und ich beisammen am Esstisch, wünschten uns ein gutes neues Jahr und teilten uns eine große Neujahrsbrezel. Meiner Mutter war sofort der Ring an meiner Hand aufgefallen und sie fragte vorsichtig:

»Gerhard, was ist denn das für ein Ring?«

Ich antwortete ihr: »Der Ring ist von Eevi. Wir haben uns in der Silvesternacht verlobt.«

Mutter erschrak zutiefst und fragte: »Wie soll denn das gehen, wenn ihr euch verlobt und heiraten wollt? Dafür habt ihr ja überhaupt keine Grundlage. Mit deinem Studium kommst du nicht richtig voran. Du machst keine Prüfungen und von einem Abschluss bist du noch weit entfernt. Das habe ich schon lange gemerkt. Das, was Fräulein Eevi verdient, reicht nicht für euch beide zum Leben. Es fällt mir schwer genug, dein Studium zu finanzieren. Ich kann für euch beide den Lebensunterhalt nicht bezahlen. Wie soll denn das bloß gehen?«

Mutter fühlte sich schlecht und musste sich auf das Sofa legen. Meine Großmutter versuchte sie zu beruhigen. Aber es nützte nichts. Ich saß mit meinem Stück Neujahrsbrezel in der Hand alleine am Frühstückstisch. Kaum hatte sich Mutter hingelegt, stand sie wieder auf und ging in den Flur zum Telefon.

»Ich muss telefonieren. Ich rufe jetzt gleich deinen Onkel Heinrich an. Er ist dein Vormund, solange du noch nicht volljährig bist. Jetzt soll Heinrich entscheiden, was wir mit dir machen sollen.« Mutter war nicht mehr aufzuhalten. Meine Großmutter schloss die Wohnzimmertür und setzte sich wieder zu mir an den Tisch. Wir wussten beide nicht, was wir sagen sollten.

Am Dreikönigstag musste ich Onkel Heinrich in seiner Villa in Leonberg besuchen. Die Straße zum Schützenrain war vereist, ich schlitterte zum Gartentor hinunter. Dann saßen wir in Onkel Heinrichs Wohnzimmer in den tiefen Sesseln. Durch das riesige Fenster blickte man auf das kahle Geäst eines großen Nussbaums und auf die Streuobstwiesen am Berghang, dahinter reichte der Blick weit hinaus über die Autobahn bis ins Strohgäu.

»Also zunächst einmal, mein lieber Gerhard, muss ich dich an deine Verantwortung gegenüber deiner Mutter erinnern.«

Onkel Heinrich zündete sich eine Zigarette an und trank einen Cognac. »Apropos Verantwortung. Du weißt, was deine Mutter während der Nazizeit und im Krieg mitgemacht hat. Und dann noch einmal in der Nachkriegszeit. Das ist doch alles nicht spurlos an ihr vorüber gegangen. Also. Du darfst deiner Mutter das Leben nicht noch schwerer machen, als es ohnehin schon ist. Ich habe gehört, dass dein Studium in Tübingen überhaupt keine Fortschritte macht. Also, das geht ja nun wirklich nicht, dass du im Studium rumhängst und keine Prüfungen ablegst und deine Mutter muss dir das Zimmer und den Lebensunterhalt finanzieren. Geld erfordert Leistung. Also.«

Dabei blickte er sich in seinem Wohnzimmer um.

»Und nun zu euch beiden. Ihr habt euch also verlobt und wollt womöglich irgendwann in nächster Zeit heiraten. Bist du dir überhaupt darüber im Klaren, in welcher Situation du bist? Keine Ausbildung, kein Beruf, kein selbst verdientes Geld, nichts. Wie willst du denn eine Wohnung mieten, einen Haushalt und eine Familie gründen? Also. Ich habe ja gar nichts dagegen, dass du eine Geliebte hast. Ein Mann braucht das.«

Onkel Heinrich zündete wieder eine Zigarette an und nippte an seinem Cognac.

»Aber dann muss man sich doch nicht gleich verloben und heiraten. Und noch dazu eine Ausländerin. Du kennst ihre Herkunft nicht. Du kennst ihre Familie nicht. Eine fremde Sprache, eine fremde Kultur. Das kann ja nicht gut gehen. Also, ich erwarte von dir, dass du dieses Verhältnis beendest. Sonst muss ich die Sache bei der Ausländerpolizei melden. Die sorgt dann für Ordnung.«

Das Ende

Eevi ist weg. Sie hat ihr Zimmer leergeräumt und ist abgereist. Sie hat uns beiden die größeren Schmerzen erspart, voneinander Abschied nehmen zu müssen. Sie ist einfach abgereist. Aber ich sehe sie noch in der Ecke ihres Zimmers stehen, Tränen in den Augen. Sie wusste, dass sie bald abreisen werde. Zu die Tür.

Wozu dieser Schmerz? Wofür dieses Leid? Für unsere vergangene Liebe bleibt mir dieses Leid, bis ich selbst vergehe, vergehe ohne ein Ende des Leids. Ich muss meine schmerzvolle Liebe mitnehmen in alles Zukünftige. Eevi, diese Liebe zu Dir, die mit mir geht in die unendlichen Weiten von Raum und Zeit, bis ich vergehe.
Das Wolkengewölbe und die Sonne, Inbegriffe der Welt, werden getragen vom Wasser, dem ewigen Urgrund, von woher alles wird. Schweigend stehst du am Ufer des Sees und blickst auf die Reflexe der Sonne auf dem Wasser. Du spürst eine mächtige Freude, ein Licht aufleuchten in dir. Du spürst, dass in dir zukünftiges Glück ruht.
Da begegnet dir das Leid. Sein Name ist der Schwan. Er ist schön. Du verspürst Scheu vor der weißen Gestalt, die aus dem Grenzen losen kommt. Der Schwan zerbricht deine Welt, deinen Kosmos. Du fühlst dich im Grenzenlosen verlassen, du bist alleine mit dir selbst.
Allmählich löst sich dein Schmerz und weicht einem ruhigeren Offensein für jene dunklere Welt, in der das Leid wohnt. Du hast eine Freundin: das Leid.

Eisschwäne ziehen im See
Erhabene Bahnen von kalter Klarheit
Entgleiten ins Grenzenlose

Schwäne fliegen auf
Weit in den eisblauen Himmel hinein
Bitterer Eishauch zerbricht ihr Gefieder
Weiße kristallene Blüten ertrinken

Im tiefen Dunkel des Sees
Funkelnde Ringe gleiten
Schweigend ans Ufer

Eevi war nach England geflüchtet. Sie hatte als Aupairmädchen eine Stelle in einer Familie der besseren britischen Gesellschaft gefunden und es ging ihr gut. Aber die beiden unglücklich Liebenden litten unter der schmerzvollen Trennunng.

25 Woodville Gardens, Ealing
London W 5
8. Februar 1961

Mein liebster Gerhard,
Es ist drei Uhr nachmittags. Ich wollte eine Stunde ausruhen, wie ich es jeden Tag mache, aber ich konnte nicht. Ich finde keine Ruhe. Ich lese deinen lieben Brief zum zweiten Mal und ich muss weinen. Die Tränen fließen wie im Regen.
Mein Liebster, du hast es schlimmer als ich. Du musst Mut haben, ich auch. Gott wird uns helfen. Drei Monate sind schnell vorbei, dann sehen wir uns wieder.
s ist manchmal schwer, sehr schwer. Ich weiß nicht, was ich tun soll. Mein Herz ist bei dir in Deutschland und zuhause bei meinen Eltern in Finnland, und ich bin hier in London. Heute früh bekam ich den Brief von dir und einen Brief von meiner Mutter. Meine Mutter grüßt dich recht herzlich und wünscht dir alles Gute. Und dann schreibt sie, so Gott will, dann werden wir beide doch wieder zusammenkommen. Sie will lernen deinen Namen richtig auszusprechen. Ich musste von Herzen lachen, als ich ihren Brief las. Meine Mutter glaubt an unsere Zukunft. Auch ich habe Mut, viel Mut um diese Tage zu überstehen.
Jeden Abend, wenn ich ins Bett gehe, und jeden Morgen, wenn ich aufstehe küsse ich leicht deinen Ring und die Kette. Du mein Gerhard, ich brauche dich, ich liebe dich!
Sei herzlich gegrüßt und geküsst von
Deiner Eevi Kaarina

Liebste Eevi!

Nun sehe ich die Sonne wieder.
Und ich sehe dich wieder.
Und in Deinen feinen, blonden Haaren
die Sonne.

Sanft halte ich Deinen Kopf im Arm.
Du hast die Augen geschlossen.
Leicht gleitet meine Hand
Durch deine Haare.

An deiner Hand unser Verlobungsring.
Ein leiser Kuss.
Ein linder Frühlingswind
im jungen Birkengrün.

Welch ein Segen!

Herzliche Grüße
Gerhard

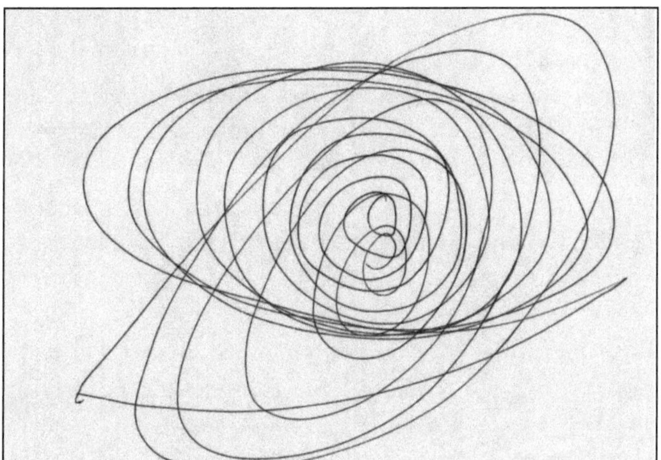

Tage Wochen vergehen ich schreibe
ich muss schreiben

März 61, Freitag

Eevi Kaarina Liebste
Liebste Eevi Du

Das Leben wird mir zu schwer
Ich kann es nicht mehr ertragen
Eevi ich bitte Dich
Hilf mir
Eevi bitte
Komm zurück
Ich weiß nicht mehr was ich tue

Dort droben im Wald an der Geroksruhe, wo Eevi und ich so oft in glücklichen Zeiten unserer Liebe miteinander spazieren gegangen waren, wehte eine milde Frühlingsluft durch das frische Grün der Buchen. Ich setzte mich zwischen den blühenden Buschwindröschen an einen Baumstamm und atmete noch ein Mal tief durch. Dann zog ich meine Hemdsärmel hoch und fasste mit Daumen und Zeigefinger meiner linken Hand die Rasierklinge. Mit einem entschlossenen Schnitt trennte ich die rechte Pulsader durch. Gegengleich die linke. Blut tropfte über meine Handgelenke ins Laub. Ich war auf einmal ganz ruhig. Am Ende durchströmte mich eine warme Helligkeit, während ich sanft hinüberdämmerte.

Als ich wieder erwachte lag ich im Krankenhaus. Spaziergänger hatten mich gefunden. Meine Handgelenke waren dick verbunden. Man hatte mich wieder ins Leben zurückgeworfen.

Ich fühlte mich wie ein Schmetterling, der seiner Puppenhülle entschlüpft ist. Er wird nie mehr in seine Puppenhülle zurückkehren können. Nun muss er seine Flügel entfalten und lernen zu fliegen.

Fliegen lernen

Meine Höhenflüge in den Geisteswissenschaften waren wie Drachensteigen. Nie konnte ich den Drachen längere Zeit in der Luft halten, immer wieder gab es Bruchlandungen, und schließlich war der Drachen flugunfähig geworden. Ich musste mein Studium an der Universität aufgeben und meine Studentenbude in Tübingen räumen. Ein Karton voller Bücher und Handschriften sowie ein Koffer mit meinen persönlichen Sachen waren schnell gepackt, und damit war meine Studienzeit beendet.

In dem weitläufigen Parkgelände auf dem Killesberg in Stuttgart wurden Schaugartenanlagen gebaut. Dort fand ich eine Anstellung als Gärtnergehilfe. Die Arbeit mit Hacke und Schaufel, mit Kreil und Rechen waren für mich ungewohnt, und in den ersten Wochen hatte ich jeden Abend Schmerzen in den Händen und Armen und im Rücken. Ich lernte, wie man den Boden bearbeitet und die Erde lockert, wie man Bäumchen und Sträucher pflanzt. Ich verlegte Gehwegplatten, Grassoden und Rollrasen. Am Ende einer Arbeitswoche konnte ich sehen, was ich gemacht hatte. Man schätzte meine Sorgfalt, besonders beim Anlegen von Pflanzbeeten und Blumenrabatten. Im Frühsommer, wenn die Sonne schien, arbeiteten wir mit nacktem Oberkörper, und jeder bekam vom Chef einen Strohhut. Die Arbeit im Freien war wohltuend für Körper und Seele.

Mein Verdienst als Gärtnergehilfe war gering, aber ich brauchte wenigstens kein Geld mehr von meiner Mutter. Ich wohnte zwar noch zuhause, aber ich ging morgens früh aus dem Haus und kam abends müde wieder zurück. Ich hatte eigentlich damit gerechnet, dass eines Tages die Frage kommen müsste, warum hast du das getan. Aber die Frage kam nicht. Wir liefen uns täglich über den Weg, aber über meine persönlichen Angelegenheiten sprachen wir nicht mehr. In unserer kleinen Familie herrschte wieder Ordnung.

Eevi war nach Ablauf ihrer Zeit in England wieder nach Finnland zurückgekehrt. In zahlreichen Briefen teilten wir uns gegenseitig mit, was wir machten, was uns Freude und was uns Sorgen bereitete. Und unsere

Liebe war das beständige Licht, das unser Leben erhellte. Eevi hatte immer und unbeirrt darauf vertraut, dass Gott unsere Liebe bei allen Höhenflügen und Abstürzen geleitet hat.

Zwei Tage nach meinem 21. Geburtstag, es war ein Samstag, ließ ich mich in der evangelischen Petruskirche in Stuttgart-Gablenberg taufen. Eevis Vorbild hatte mich davon überzeugt, dass ich diesen Schritt gehen konnte. Es war nur eine kleine Gemeinde im Gottesdienst. Meine Mutter und meine Großmutter waren bei meiner Taufe auch dabei, obwohl sie nicht Mitglieder der Kirche waren.

Dann packte ich meinen Koffer, nahm den Geigenkasten am Trageriemen auf den Rücken und machte mich auf die Reise nach Finnland. Ich verabschiedete mich von meiner Mutter und meiner Großmutter mit den Worten: »Ich gehe jetzt weg und ich weiß nicht, ob ich jemals wieder zurückkommen werde.«

Ich reiste mit dem Nachtzug nach Hamburg. Von Hamburg über die Vogelfluglinie nach Kopenhagen. Von Kopenhagen reiste ich weiter nach Norden mit der Bahn durch Süd- und Mittelschweden bis nach Stockholm. Von Stockholm aus reiste ich in der hellen Mittsommernacht mit dem Fährschiff nach Helsinki. Von Helsinki aus brauchte man noch drei bis vier Stunden mit dem Zug bis nach Mikkeli, wo Eevis Zuhause war. Das war meine erste große Reise, die ich selbstständig gemacht habe.

Die Vogelfluglinie hat ihren Namen von der Flugroute der Kraniche, die im Frühjahr von Andalusien aus durch Mitteleuropa bis in den Norden Skandinaviens fliegen. Den Kranichen gleich, so lernte ich fliegen.

Ob das gut geht!

Ich wusste, woher ich kam, aber ich hatte keine Ahnung, wohin ich eigentlich unterwegs war. Eevi dagegen hatte eine klare Vorstellung davon, dass wir nun in Finnland anfangen müssten gemeinsam unseren eigenen Lebensentwurf zu verwirklichen. Sie hatte meiner Mutter einen Brief geschrieben, in dem sie sie zu einem Besuch nach Finnland einlud, um ihre Familie kennenzulernen.

Während ich unterwegs zu neuen Ufern war, saß meine Mutter zuhause am Esstisch und schrieb einen langen Brief an Eevi. Sie machte sich Sorgen um uns.

Liebe Evi,
am Samstag kam Ihr lieber Brief, beim Lesen Ihrer Zeilen spürte ich deutlich, mit wieviel Freude und Herzlichkeit ich bei Ihren lieben Eltern und bei Ihnen erwartet werde. Ich danke sehr dafür.
Leider kam nun alles anders als es vorgesehen war. Ich hatte mich sehr auf die Reise nach Finnland gefreut und habe schon viele Monate gespart, damit ich aus dem Besuch in Ihrer Heimat ein Erlebnis machen könnte. Sicher wäre auch alles planmäßig verlaufen, wenn bei Gerhard nicht die ganze Geschichte schief gegangen wäre.
Schon an Weihnachten wollte Gerhard unbedingt nach Finnland fahren. Bitte verstehen Sie, dass es eine reine Geldfrage war, dass dieses geplante Unternehmen gescheitert ist, denn das muss ich Ihnen in diesem Zusammenhang sagen, es ist mir nicht möglich auf irgendein Vermögen zurückzugreifen, denn leider haben wir keines. Gerhard erhielt zwar bis jetzt noch monatlich DM 90.- Rente von seinem gefallenen Vater, bei Verheiratung fällt die Rente weg, auch wenn die Berufsausbildung noch nicht abgeschlossen ist. So war es nun in all den Jahren, dass ich mit meinem Einkommen den Haushalt und Gerhards Ausbildung bestritten habe. Es war mir, das kann ich Ihnen versichern, nie eine Last oder Bürde, für alles zu sorgen, wusste ich doch, dass im Frühjahr 1963, wenn Gerhard mit seiner Ausbildung zum Lehrer fertig ist, für uns alle ein leichteres

Leben beginnen sollte. Ich trug mich mit dem Gedanken, nur noch halbtags zu arbeiten, denn ich bin nun ohne jede Unterbrechung seit 1928 berufstätig. Und dazu kommen noch die ganzen harten Jahre des Krieges mit all seinen Verlusten. Man wäre wohl nicht normal, wenn nicht eines Tages doch eine Müdigkeit aufkommen würde.

Gerhard hat nun sein Studium abgebrochen und er plant, es im Frühjahr 1963 wieder aufzunehmen. Ob das gut geht! Es dürfte nicht unnötig sein zu überlegen, ob ein neuer Anlauf überhaupt noch Erfolg bringt; denn in den ganzen drei Jahren seit dem bestandenen Abitur hat Gerhard nicht eine einzige Prüfung abgelegt. Wenn eine größere Arbeit auf ihn zukommt, versagen ihm die Nerven. Das ist ja eben seine Krankheit, dass die für eine gute Berufsausbildung absolut erforderliche Ausdauer bei ihm ganz einfach fehlt. Wenn ihm zu viel zugemutet wird, versucht er nicht einen Teil dessen zu erledigen, sondern macht ganz einfach nichts mehr und lässt sich von anderen Gedanken von seiner Aufgabe abbringen. Wenn sich nicht ganz grundsätzlich seine Einstellung zum Leben ändert, so wird Gerhard nie eine Ausbildung fertig machen, denn immer und überall muss man das machen, was die Lehrer oder Chefs von einem verlangen und nicht, was man aus der augenblicklichen Stimmung heraus gerne tun würde.

Liebe Evi, nun werden Sie mit Recht fragen, warum schreibt mir die Mutter das alles. In den Jahren, seit ich Sie kenne, habe ich Sie lieb gewonnen und ich möchte nicht, dass Sie später einmal zu mir sagen können »Mutter, warum hast Du mir das nicht gesagt.« Mit diesem Brief möchte ich jeden Vorwurf zurückweisen, der vielleicht doch einmal gekommen wäre, wenn ich Ihnen nicht geschrieben hätte.

Es ist möglich, dass Sie mehr erreichen, als ich vollbringen konnte. Ich habe in vielen schlaflosen Nächten nach einer Lösung gesucht, aber keine gefunden – leider!

Gerhard wird als kranker Mensch in wenigen Tagen in Finnland ankommen. Die Sehnsucht eines ganzen Jahres wird sich erfüllen, hoffentlich bei Euch Beiden. Auch Sehnsucht kann einen Menschen krank machen.

Was ihr nun gemeinsam beschließt, so möchte ich darum bitten, verlasst Euch nur auf Eure eigene Kraft, auf mich kann niemand mehr bauen, denn ich bin bereits eine alternde Frau.
Liebe Evi, darf ich Sie nun bitten, die Eltern von mir zu grüßen und zu danken für die liebevolle Einladung. Ihnen aber Evi wünsche ich für die Zukunft viel Kraft und werde immer in Liebe an Euch denken.
Ihre Mutter Emme

Heimat

An einem hellen, warmen Mittsommertag kam ich in Rauhala an. Als ich beim Kilometer 18 am Milchhäuschen von der Landstraße abbog und zum ersten Mal den Hof erblickte, kam mir Eevi mit dem Fahrrad entgegen. Sie ließ das Rad ins Gras fallen, ich meinen Koffer und wir lagen uns in den Armen.

Vater und Mutter waren auf die Veranda gekommen und begrüßten mich auf finnisch: »Tervetuloa! Tule sisään, ole hyvä!« Das habe ich gut verstanden. Es bedeutet: »Willkommen! Komm rein, bitte!« In der Stube roch es nach frischem Brot. Die Mutter hatte gebacken, und der Ofen war noch warm. Aus Vaters Kofferradio dudelte leise Musik.

Der Vater nahm mich mit in seinen Wald. Das erste, was ich von ihm lernte, waren die Namen der Bäume. Koivu heißt die Birke, kuusi heißt die Tanne und mänty heißt die Kiefer. Er zeigte mir den Stall und erklärte mir auf finnisch: Hevonen – das Pferd, lehmät – die Kühe und maitokoppi – das Milchhäuschen, aber das kannte ich ja schon. Wir gingen miteinander in die Sauna, schwitzten ordentlich und schrubbten uns gegenseitig den Rücken. Dann tranken wir kaljaa, ein hausgemachtes Malzbier.

Mutter stellte den leeren Wassereimer auf die Veranda und rief zu mir herüber: Hae vettä kaivosta! Den Anfang hatte ich verstanden: Hol Wasser! Aber das zweite Schlüsselwort fehlte mir. Eevi half mir: »Kaivo, das ist der Brunnen dort, hinter der Sauna. Dort sollst du Wasser holen und in die Küche tragen!«

Es war die Zeit der Heuernte. Früh am Morgen mähte der Vater mit der Sense. Am Nachmittag zogen wir mit den Heugabeln hinaus und wendeten das Heu. Dann stellten wir die Heureiter auf und warfen die Schwaden zum Trocknen über die Stangen. Alle waren draußen auf dem Feld. Eevi brachte auf einem Tablett den Nachmittagskaffee. Zwischen den großen Steinen am Feldrand hatte der Vater zwei Bretter aufgelegt. Dort saßen wir und tranken Kaffee.

An den langen Sommerabenden ging Eevi mit mir oft hinunter zum See und wir schwammen weit hinaus. Das moorige Wasser war warm von der Sonne.

Eevi und ich wohnten in der Südkammer. Vor dem Fenster blühte ein Rosenbusch, und man konnte durch die Zimtapfelbäume hindurch den ganzen Hof überblicken. Mit meiner Geige lernte ich finnische Spielmannslieder und am Tisch vor dem Fenster saß ich abends noch lange und schrieb Entwürfe und Gedichte.

Der Steg

I

Es war finster auf der Tiefe
Zweige herbstroter Eichenblätter
loderndes Rispengras
und einen Ast mit kleinen wilden Äpfeln
brachte ich Dir
Du aber gabst mir Deine Hand

II

Erinnerst Du Dich
der späten Sommertage
als ich am See den Steg baute

Wie ich im Kieferngehöz Bäume schlug
und Du in Decken gehüllt in der Nähe schliefst

Wie Du mir ans Ufer
wo ich die Stämme verfügte
wilde Erdbeeeren brachtest

Die Kinder spielten am Wasser
mit Steinen und Wurzelwerk
und pflückten Seerosen
die sie in ihren Spielgefäßen
mit Birkenzweigen anrichteten

Und wie Du am Abend
wenn die Mahlzeit bereitet war
durch die Erlbüsche kamst
mich zum Essen zu rufen

Wie wir dann noch Erfrischung suchten im See
und endlich hinauf durch den Wald nach Hause gingen

In den Kühlungen des Abends war
vom Tage her
ein Schimmer von Wärme

III

Als ich zu Dir ging
war ein Lichthauch von Morgenröte auf der Tiefe
und von Dir her
war Liebesleuchten

IV

Die Sonne vergeht
Wo ist der Steg

Am Ufer ragt weit in den See hinaus
ein Felsengipfel

Ergrautes Flechtwerk
und hie und da
dürres
von Blitz und Eis zerspaltenes Geäst
künden vom Sein
das da war

Im See ruht
tiefklares Schweigen
und über die Weite weht
Nichts und All

Im letzten Sonnenglühen
strahlt eine Lichterkette
über den See
der Steg

Die Tiefe zersplittert
glitzernde Schmetterlinge fliegen auf
irren über das Wasser
weinen suchen die Mutter
bis sie verglimmen

Die Sonne war
Über dem tiefen See
ziehen am Himmel
weiße Wolken
wie Schwäne

V

Aber als ich zu Dir ging
kündete Morgenlicht auf der Tiefe den Tag
und von Dir her
war Lebensklarheit

VI

Und erinnerst Du Dich des Abends
als wir zu später Stunde noch
das Haus verließen

Herbstkalt war es draußen schon
und der Mond

der zu dieser Zeit in den ersten Stunden der Nacht
feuerrot glühend
über den meerblauen Horizont der Wälder wandert
gab jetzt
hinter Wolken verborgen
ein stilleres Licht

Wir suchten den Weg
zwischen den Feldern hindurch
zum Schlagbaum an der Viehweide
und über die Wiese
an den Erlbüschen vorbei
hinunter zum See

Unter den Birken am Ufer
lag der Steg
ein Gewölbe
über dem dunklen Wasser
Vom Schilf her
rauschte das Glitzern des Mondlichts
über die schweigende klare Tiefe

Dort auf dem Steg
am freien Ufer des Sees
hielten wir lange einander
in Unverborgenheit
und wurden dessen gewahr
was wir sind

All
ein

VII

Zweige herbstroter Eichenblätter
loderndes Rispengras
und einen Ast mit kleinen wilden Äpfeln
brachte ich Dir

Du aber gabst mir Deine Hand

Und als ich bei Dir war
war auf der Tiefe die Sonne aufgegangen
und von Dir her
war Gottesahnung

Hinaus

Am Samstag, dem 11. August 1962 war unsere lang ersehnte Hochzeit. Von Gerhards Mutter kam zur Hochzeit ein Brief aus Deutschland.

Stuttgart, 31. Juli 1962

Liebe Evi und lieber Gerhard!
Nun werdet ihr also heiraten. In Gedanken werden wir dabei sein und an Euch denken. Natürlich möchte ich zur Gründung Eures eigenen Haushaltes auch etwas beitragen. Vielleicht sind Wünsche noch offen, die ich erfüllen kann. Ich werde Euch nichts schicken, denn ich möchte nichts Unnötiges kaufen. Bitte schreibt mir, was ihr haben wollt!
Die Ortskrankenkasse hat nun Gerhards Mitgliedsbestätigung geschickt, ich bezahle 14,90 DM monatlich. Soll ich die Mitgliedskarte schicken?
Wir wünschen Euch alles Gute
Eure Ome und Mutter

Am frühen Morgen haben Gerhard und ich Blumen auf den Wiesen meines Vaters gesammelt für den Schmuck der Kirche. Gerhard hat davon bunte Sträuße gemacht mit vielen Margeriten, Kornblumen, leuchtend violetten Disteln, dazu noch Weizen und Hafer von den Getreidefeldern. Unsere Trauung fand in der großen Holzkirche der Landgemeinde in der Stadt Mikkeli statt.

Mit den Blumensträußen und brennenden Kerzen links und rechts vom Altarteppich und auf dem Altar hat Gerhard die Kirche sehr feierlich gerichtet.

Ich hatte ein kleines, weißes Spitzenkleid mit dreiviertellangen Ärmeln, kleinem Ausschnitt und einem geraden Rock. Die Spitze hatte ein einfaches Blumenmuster wie Tulpen. Ich ließ davon auch ein kleines Kränzchen für das Haar machen, wo der Schleier festgemacht wurde, und auf dem Schleier waren auch einige Blümchen aus demselben Stoffmuster angenäht. Mein Hochzeitsstrauß war von 26 kleinen Rosen, die eine Farbe hatten wie Morgenrot, dazwischen einige Margeriten von der Wiese und Farnblätter aus unserem Wald.

Die Trauung in der Kirche war nachmittags um vier Uhr. Die Feier selbst war kurz und doch für uns alle ein großes und bedeutsames Ereignis. Meine ganze Verwandtschaft und unsere Nachbarn vom Dorf waren dabei, über vierzig Leute. Und Gerhard gehörte jetzt auch dazu. Weil er bei der Zeremonie noch nicht alles auf finnisch verstehen konnte, sprach unser Pfarrer das meiste auf deutsch. Gerhard hat das »Ja« gesagt und ich das »tahdon«, und wir vestanden uns so gut.

Danach war die ganze Hochzeitsgesellschaft von meinem Vater eingeladen zum Abendessen und Kaffee im Restaurant Suur-Savo. In der Mitte des Festraumes stand ein langer Tisch, wo alle Speisen hergerichtet waren. Da durfte sich jeder raussuchen, was er wollte: Brot und Butter, grünen Salat, Gemüse- und italienischen Salat, Kartoffeln, Blumenkohl- und Makkaroniauflauf, Fleisch- und Fischgerichte, Wurst und Käse. Und zum Trinken gab es Milch, Buttermilch und hausgemachtes Malzbier. Danach Eis zum Nachtisch und Kaffee mit Hochzeitskuchen und anderes Gebäck.

Wir, das glückliche Hochzeitspaar, sind am Abend als erste weggegangen, solange es noch hell war. Niemand hatte es gemerkt. Mein Bruder hat uns bei unserer Flucht geholfen. Er hat uns vor dem Restaurant mit dem Auto erwartet. Wir sind schnell eingestiegen, und er ist weggefahren wie der Blitz. Auf der schmalen Landstraße ging die Fahrt in der Abenddämmerung durch den Wald nach Norden.

Nach einer guten halben Stunde erreichten wir das Ufer des Ihastjärvi-Sees. Dort war ein Ruderboot für uns bereit gelegt. Gerhard zog Überhosen und hohe Gummistiefel an und brachte das Gepäck ins Boot. Meine Mutter hatte uns einen Korb hergerichtet mit einem Laib Brot, einem Kännchen Milch, einem Stück Butter und einer Packung Kaffee

11. August 1962 – unsere Hochzeit

vom feinsten, Marke »Präsident«. Dazu ein Säckchen Kartoffeln und Gemüse vom Feld. Dann schleifte Gerhard das Boot ins Wasser und setzte die Ruder ein. Noch einmal kam er zurück und trug mich in meinem weißen Hochzeitskleid auf seinen Armen über den Strand und durch das Wasser am Ufer, dann setzte er mich in die Mitte des Boots auf unseren Reisekoffer. Er stieß ab, schwang sich ins Boot und griff in die Ruder.

Mein Bruder stand im Scheinwerferlicht des Autos am Ufer, winkte und rief: »Glückliche Reise, schöne Tage und einen guten Anfang!« Wir riefen unser Danke zurück und blickten ihm noch nach, bis wir ihn im Uferschilf aus den Augen verloren. Er muss noch lange am Ufer gestanden sein, denn wir hörten nicht mehr das Auto abfahren. Wir hörten nur noch das Gleiten des Boots im Schilf, das Schreien der Wildenten über dem See und den gleichmäßigen Ruderschlag im Wasser.

Der Himmel war weit und klar. Als wir auf die offene Wasserfläche hinausruderten, stand die Sonne schon tief über dem Horizont des Waldes und warf einen Steg von goldenen Lichtreflexen auf das dunkle Wasser. Dorthin fuhren wir, der Sonne entgegen.

Gerhards Nachwort: Im Weiten unterwegs

Liebe Freundin, lieber Freund,

unsere Hochzeit in Finnland war ein wunderbarer Aufbruch zu neuen Ufern. Nun fragst du, wie es denn nach der Hochzeit in unserem Leben weitergegangen ist. Was hat uns durch die Jahrzehnte unseres gemeinsamen Lebens zusammengehalten und begleitet?

Umzugskisten. Wir lebten an verschiedenen Orten in drei Kulturkreisen, in Finnland, in Deutschland und in Lateinamerika, aber nirgends länger als einige Jahre. Nach unserer Heirat blieben wir kaum ein Jahr in Finnland, danach zogen wir wieder zurück nach Deutschland. Bei diesem ersten Umzug passte unser ganzes Hab und Gut in drei finnische Holzkisten.

Ich beendete mein Studium, Eevi arbeitete in Stuttgart in der Auslandsabteilung einer großen Bank. Wir wurden eine Lehrersfamilie und hatten zwei Kinder, ein Mädchen und einen Jungen. In meiner kleinen, bruchstückhaften Familie wurden wir zum Mittelpunkt. Alle Geburtstage und Weihnachtsfeste wurden bei uns gefeiert. Eevi organisierte alles und hielt die Familie zusammen. Als meine Mutter nach einem Schlaganfall schwer pflegebedürftig geworden war, nahmen wir sie zu uns ins Haus und Eevi übernahm ihre Pflege. Diese sieben Jahre mit der schwerkranken Mutter haben uns alle geprägt. Wir haben gelernt, dass wir nicht nur vom Essen und Trinken leben und von unseren Leistungen. Wir leben im Wesentlichen von der Zuwendung unserer Mitmenschen.

In den Ferien reisten wir jedes Jahr ein oder zwei Mal nach Finnland. Wir verbrachten in unserer großen finnischen Familie wundervolle, helle Sommertage und herrliche, dunkle Wintertage mit viel Schnee und strenger Kälte.

Nachdem unsere finnischen Eltern gestorben waren, wurde Rauhala, der Waldbauernhof öd und leer. Der Wald wurde abgeholzt, der Steg am See zerfiel. In meiner Erinnerung aber blieb Rauhala der Ort unserer glücklichen jungen Liebe.

Im Verein der Deutsch-Finnischen Gesellschaft in Stuttgart fanden wir Gleichgesinnte, Freundinnen und Freunde, die wie wir im interkulturellen Austausch zwischen Deutschland und Finnland lebten. Wir feierten miteinander pikkujoulu, das finnische Kinderweihnachtsfest, wir organisierten den Schüleraustausch mit Schülerinnen und Schülern aus Finnland, wir kümmerten uns um neu zugezogene finnische Familien und waren rundum im Vereinsleben der DFG engagiert. Eevi unterrichtete deutsch-finnische Kinder in der finnischen Sprachschule in Stuttgart.

Dann wurden wieder unsere finnischen Umzugskisten gebraucht, dazu ein ganzer Container voll Hausrat, von der Waschmaschine bis zum Klavier. Wir machten zum ersten Mal einen großen Umzug über den Atlantischen Ozean nach Bueons Aires, der Hauptstadt Argentiniens. Ich arbeitete im Auftrag der deutschen Zentralstelle für das Auslandsschulwesen an einer großen argentinisch-deutschen Schule als Deutschlehrer. Mit unseren beiden Kindern, die damals schon Jugendliche waren, machten wir mit dem Campingbus expeditionsähnliche Reisen durch Südamerika, durch den tropischen Regenwald, durch das Hochgebirge der Anden, durch die Wüste Atacama und durch die Steppe Patagoniens bis nach Feuerland.

Schwer fiel uns der Weg zurück in die kleinräumigen, wohlgeordneten Verhältnisse in Deutschland. Wieder angekommen in Deutschland packten wir unsere alten finnischen Holzkisten schon gar nicht mehr aus. Sie warteten auf den nächsten Umzug.

Einige Jahre später kam eine Einladung als Gastdozent für die deutsche Sprache an einer Universität bei Porto Alegre, im Süden Brasiliens. Verbunden damit war ich als Schulberater für den Deutschunterricht an brasilianischen Schulen tätig. Meine Dienststelle war das Generalkonsulat der Bundesrepublik Deutschland in Porto Alegre. Wir gehörten zur gehobenen Gesellschaft und lebten im Luxus angesichts der Armut unzähliger Menschen in den Städten und auf dem Land.

Dann wieder zurück in den Schuldienst in Deutschland. Die alten finnischen Umzugskisten waren im tropischen Klima wurmstichig geworden und mussten mit dem Sperrmüll entsorgt werden.

Jetzt sind wir alt geworden und leben auf der Schwäbischen Alb. Es ist Anfang September, und wenn ich zum Fenster hinausblicke, schweift mein Blick über die Wiesen und Felder bis zu den bewaldeten Kuppen mit der Burgruine Hohenstein am Horizont. Der Himmel ist weit und offen, fast wie in Finnland.

Hohenstein, im September 2018
Gerhard

Eevis Nachwort: Wo sind wir zuhause?

Liebe Freundin, lieber Freund,

wir wohnten damals in Argentinien, als meine Mutter in Finnland gestorben war. Auf der Flugreise von Süden nach Norden quer über den Planeten Erde machte ich im Flughafen Frankfurt Station. Bei der Passkontrolle fragte mich der Beamte:

»Woher kommen Sie?«

Ich antwortete ihm: »Von zuhause.«

Die Antwort genügte ihm nicht. Er fragte mich höflich:

»Und wo ist das, bitte?«

»In Buenos Aires, Argentinien.«

Dann fragte er weiter: »Und wo wollen Sie hin?«

»Nach Hause, nach Finnland.«

»So,« sagte er und fragte weiter, »und was machen Sie in Deutschland?«

Ich antwortete ihm wahrheitsgemäß: »Hier bin ich auch zuhause. Ich reise nach Stuttgart.«

Da lachte der freundliche Beamte und meinte: »Sie sind wohl überall zuhause!«

»Ja,« antwortete ich ihm, »überall oder nirgends.«

In Finnland war meine angestammte Heimat, wo ich geboren bin und wo ich in der Geborgenheit unseres Bauernhofs zwischen Wiesen und Feldern, zwischen Wald und See eine schöne, unbeschwerte Kindheit verbrachte. Nach dem Tod meiner Eltern habe ich im Familienkreis große Enttäuschungen erlebt.

In Deutschland fühlte ich mich von Anfang an wohl. Ich genoss das milde mitteleuropäische Klima, von der Blüte der Obstbäume bis zum bunten Herbst, wenn die reifen Zwetschgen und Äpfel im Gras lagen. Ich traf schon bei meinen ersten Begegnungen auf freundliche, hilfsbereite Menschen. Ich erlebte aber auch Misstrauen mir gegenüber, weil ich eine Ausländerin war.

Unsere beiden Kinder wurden in Deutschland geboren, und in unserer neu gegründeten Familie fand ich meine Heimat. Lebenslange Freundschaften mit deutschen und deutsch-finnischen Familien begleiteten und bereicherten uns auf unserem Weg.

Unsere Zeiten in Lateinamerika waren herrlich. In Brasilien hatten wir einen tropischen Garten mit Bananen, Kaffeesträuchern, Orchideen und Kolibris in den Bäumen. Wir hatten ein offenes Haus, Studenten wohnten bei uns. Eine vertrauensvolle, familiäre Freundschaft verband uns mit dunkelhäutigen Brasilianern.

Unser Sohn ist Deutsch-Niederländer geworden, er lebt mit seiner niederländischen Ehefrau und den beiden Söhnen in Amsterdam. Unsere deutschen Enkelkinder leben mit ihren Ziegen und ihrem Pferd in unserer Nachbarschaft und wir sehen uns fast täglich. Unsere Tochter lebt mit ihrem deutsch-bolivianischen Ehemann in Bolivien.

Im Laufe unseres Lebens sind Gerhard und ich zusammengewachsen wie zwei Birken, die dicht nebeneinander stehen und eine gemeinsame Blätterkrone entfaltet haben. Allerdings haben wir nirgends wirklich Wurzeln geschlagen. Wir waren und sind ein Leben lang gemeinsam unterwegs.

Hohenstein, im September 2018
Eevi

Anmerkungen

S. 7 Ende des Sommers
Die erste und letzte Zeile diese Gedichts sind Zitate aus einem alten evangelischen Kirchenlied. Der Text geht zurück auf ein Abendgebet von Nikolaus Herman aus dem Jahr 1560. Der erste Vers lautet im Ganzen:

Hinunter ist der Sonne Schein,
die finstre Nacht bricht stark herein;
leucht uns, Herr Christ, du wahres Licht,
lass uns im Finstern tappen nicht.

(zitiert nach: Evangelisches Gesangbuch, Ausgabe für die Evangelische Landeskirche in Württemberg, Stuttgart 1996, Lied Nr. 467, S. 867 ff. und S. 1581)

S. 20 ff. Mein Rucksack
Die Schwarzenbachtalsperre befindet sich bei Forbach im Nordschwarzwald. Sie wurde in den Jahren 1922 bis 1926 zur Gewinnung von elektrischem Strom aus Wasserkraft gebaut.

S. 24 ff. Die Venus von Arles
Die Venus von Arles gehört zu einer Gruppe von fünf Marmorstatuen im antiken Stil des Klassizismus, die vom Hofbildhauer des Königs von Württemberg, Ludwig von Hofer um 1854 geschaffen wurden. Sie stehen noch heute im Oberen Schlossgarten hinter dem Theatersee, an der Seite des Kunstgebäudes.

S. 33 f. Kakao
Die Schule, von der hier erzählt wird, ist die Alte Schule im Stadtteil Gablenberg. Sie enthält heute ein Stadtteilmuseum und ist ein kultureller Treffpunkt im Stuttgarter Osten.

Die Hoover-Speisung war eines der Hilfsprojekte, welche ausländische Organisationen und die Militärregierungen der Alliierten für die notleidende deutsche Bevölkerung unmittelbar nach dem Krieg durchführten. Viele tausend Kinder wurden durch die tägliche Versorgung mit einer warmen Suppe oder mit Kakao vor dem Verhungern gerettet.
Der Name Hoover-Speisung geht auf den amerikanischen Präsidenten Herbert Hoover zurück, der von 1929 bis 1933 Präsident der USA war und nach dem Ende des Zweiten Weltkriegs die Massenspeisung in der amerikanisch besetzten Zone initiierte. In den anderen Besatzungszonen Deutschlands gab es ähnliche Hilfsprojekte, z.B. die Schwedenspeisung in Norddeutschland.

S. 48 ff. Fritz
Die Geschichte der jungen kommunistischen Widerstandskämpfer in Stuttgart während der Nazi-Zeit ist im Haus der Geschichte Baden-Württemberg, Konrad-Adenauer-Str. 16, gut dokumentiert, insbesondere der Lebenslauf von Hans Gasparitsch.

S. 79 Städtische Spar- und Girokasse Stuttgart
Eines der Vorgängerinstitute der heutigen Landesbank Baden-Württemberg (LBBW).

S. 82 10 Uhr abends
In Deutschland war seit der Zeit des Kaiserreichs Kuppelei durch den § 180 des Strafgesetzbuchs verboten. Unter Kuppelei versteht man die Förderung des vorehelichen Geschlechtsverkehrs (= Unzucht) durch die Gewährung von Gelegenheit zur Unzucht.
Der Kuppelei-Paragraph war in Deutschland bis zum Jahr 1973 gültig. Nach damaliger Rechtsprechung machten sich Eltern der Kuppelei schuldig, wenn sie ihren Kindern den

Kontakt mit ihren Sexualpartnern in der elterlichen Wohnung erlaubten oder durch Vernachlässigung der Aufsichtspflicht zuließen. (nach: Wikipedia »Kuppelei« vom 21.03.2018)

S. 86 f. Hindelang
Heute Bad Hindelang, ein idyllischer Luftkurort und Ferienort in den bayrischen Alpen.

Gerhard Schmid-Nurminen,

1940 geboren, war als Lehrer vielseitig tätig, vom Volksschullehrer bis zum Dozenten für Deutsch als Fremdsprache und Schulberater im Ausland. Seit seiner Pensionierung widmet er sich unseren Enkelkindern und der Schriftstellerei.
Für seine Studien zum Thema »Hakenkreuz und Heckenrosen. Zum Verhältnis von Heimatdichtung und Nationalsozialismus am Beispiel Hans Reyhings« erhielt der Autor 2011 einen Preis des Landes Baden-Württemberg für Heimatforschung.

Eevi Schmid-Nurminen,

1936 geboren, war als Finnischlehrerin tätig und ist seit über fünfzig Jahren eine wunderbare Organisatorin unserer Familie. Soziale Kontakte waren ihr immer sehr wichtig. Wir lebten an mehr als zehn verschiedenen Orten in Deutschland, Finnland, Argentinien und Brasilien, und überall war Eevi unsere Mittlerin zwischen den Menschen und Kulturen.

Inhalt